ABOGADO DIGITAL

PRIMEROS PASOS COMO ABOGADO EN EL DERECHO DIGITAL

Primera edición: marzo 2024

ISBN versión impresa: 979-8-8781-2823-0

Derechos reservados Carlos Eduardo Jimenez
publicado por Amazon 2024

e-mail carlosjimenez@abogadodigital.online

web page www.abogadodigital.online.

Índice

PREFACIO

Este es el comienzo de tu viaje hacia la especialización en derecho digital. Te invito a unirte a nosotros. Primero, para que te especialices, y segundo, en la tarea crucial de educar, informar y capacitar a la comunidad legal, para enfrentar los retos y aprovechar las oportunidades de esta nueva era.

Nos encontramos en el umbral de una revolución: la Inteligencia Artificial (IA). Esta revolución, al igual que todas las que la precedieron, llega acompañada de una dualidad de temor y asombro. En este momento crucial, nuestro papel no es solo ser espectadores, sino también ser participantes activos y conscientes en la configuración de nuestro futuro.

Desde la invención de la rueda hasta la creación de Internet, cada salto tecnológico ha reconfigurado nuestra sociedad. Hoy, la IA promete ser no menos trascendental. Sus aplicaciones ya están mejorando nuestra vida en la medicina, educación, etc. Sin embargo, estos avances también traen consigo desafíos y preocupaciones legítimas. Como abogados y defensores de la justicia, debemos enfrentar estos desafíos, no con temor, sino con conocimiento y responsabilidad.

Reconocemos y abordamos los temores sobre la privacidad, seguridad y el impacto laboral que la IA puede generar. Estos no son retos menores, pero creemos firmemente que, con una regulación informada y una comprensión profunda, podemos mitigar estos riesgos. En este contexto, nosotros los abogados emergemos como pilares cruciales: somos los arquitectos de políticas, los creadores de leyes y los formadores de marcos éticos que guiarán el desarrollo responsable de la IA.

La educación y la conciencia sobre la IA no deben limitarse a los círculos legales. Es imperativo que toda la sociedad participe en un debate informado y constructivo sobre su futuro. Por ello, este libro no es solo una guía, sino una invitación a unirse a una tendencia más amplia: un movimiento hacia la educación, defensa y regulación informada de la IA.

Nos encontramos en la cúspide de un cambio monumental. La IA no es solo una tecnología; es una nueva forma de entender el mundo y nuestra interacción con él. A través de esta guía, buscamos orientar a los abogados sobre qué pasos seguir y qué deben saber para convertirse en defensores informados y responsables de esta nueva era. Juntos, podemos garantizar que la IA sea una fuerza para el bien, una herramienta para la innovación y el progreso y un medio para construir un futuro en el que todos queramos vivir.

Nuestra misión es clara: educar, informar y capacitar sobre las tecnologías emergentes, las nuevas regulaciones y el nacimiento de nuevas áreas del derecho digital

En las páginas que siguen encontrarás herramientas, conocimiento básico con la perspectiva necesaria para abrazar esta era de cambios y ser parte activa en la construcción de un mundo donde la tecnología y la humanidad coexistan en armonía y respeto mutuo. La era de la IA no es una amenaza, sino una promesa; una promesa de un futuro más brillante que, juntos, tenemos el capacidad de alcanzar.

INTRODUCCIÓN

Como abogados nos encontramos en una posición única para comunicar efectivamente los aspectos legales, éticos y sociales de la Inteligencia Artificial (IA) y otras tecnologías emergentes. A través de este libro, proporcionamos información básica y herramientas necesarias para que te inicies como defensor y educador competente en este ámbito; posteriormente, publicaremos libros específicos para cada área del derecho digital y que puedas especializarte en la que sea de tu agrado.

Un abogado bien versado en derecho digital es un recurso invaluable, capaz de colaborar con la sociedad para comprender la importancia de estas tecnologías y manejar los posibles riesgos. Aquí exploraremos cómo podemos ayudar y por qué es necesario.

Inteligencia artificial (IA) dentro del derecho digital y sus implicaciones legales:

Un especialista en IA posee un conocimiento detallado sobre el funcionamiento de la tecnología y sus consecuencias legales y éticas, lo que le permite traducir conceptos complejos a un lenguaje accesible para un público amplio. La IA se puede definir como un sistema informático que puede realizar tareas que normalmente requieren inteligencia humana, como el aprendizaje, la toma de decisiones y el reconocimiento de patrones. Comprender algunos aspectos fundamentales de la IA puede ser beneficioso, dado el impacto creciente de la tecnología en el ámbito legal.

Aquí detallamos algunas áreas clave en las que como abogados podríamos centrarnos al aprender sobre IA:

Fundamentos de la IA y aprendizaje automático:

Un conocimiento básico sobre qué es la IA, cómo funciona el aprendizaje automático (ML) y el aprendizaje profundo (DL), incluyendo una comprensión de conceptos como el procesamiento del lenguaje natural (PLN), puede ser muy útil. Esto permite que los abogados entendamos cómo la tecnología puede automatizar tareas, analizar grandes volúmenes de datos y ayudar en la toma de decisiones.

Aplicaciones de la IA en el derecho:

Familiarizarse con las herramientas de IA específicas para el ámbito legal, como el análisis predictivo en litigios.

Ética y regulación de la IA:

Entender las implicaciones éticas y las consideraciones regulatorias relacionadas con el uso de la IA es crucial. Esto incluye privacidad de datos, sesgo algorítmico, responsabilidad por decisiones automatizadas y el cumplimiento de normativas, como el GDPR en Europa. Los abogados jugamos un papel importante en la redacción de políticas y en el aseguramiento de que el uso de IA en la práctica legal se adhiera a los principios éticos y legales.

Ciberseguridad y protección de datos:

A medida que la IA maneja y analiza cantidades masivas de datos, la comprensión de los fundamentos de la ciberseguridad y la protección de datos se vuelve esencial. Los abogados debemos saber cómo se protegen los datos dentro de las herramientas de IA y cómo se pueden mitigar los riesgos de seguridad.

Desarrollo y personalización de soluciones de IA:

Aunque no todos los abogados seamos expertos técnicos, tener una idea de cómo se desarrollan y se personalizan las soluciones de IA puede ser útil, especialmente para aquellos cuyos roles involucran la toma de decisiones sobre la adquisición de tecnología.

Impacto de la IA en el futuro del derecho:

Reflexionar sobre cómo la IA está cambiando la profesión legal y cuáles podrían ser las implicaciones a largo plazo para la práctica del derecho, la administración de justicia y la educación legal.

Abogacía y asesoramiento en políticas de IA:

Los abogados somos esenciales para promover políticas y regulaciones que fomenten un uso seguro y ético de la IA, asesorando a empresas y gobiernos en su implementación responsable.

Gestión de riesgos y responsabilidad:

Con un entendimiento integral de la tecnología y la ley, los abogados somos fundamentales en la identificación y gestión de riesgos asociados con la IA, abarcando áreas como la privacidad de datos y la ciberseguridad.

Educación y concienciación:

Los abogados jugamos un rol clave en educar al público y a otros profesionales sobre la IA, ayudando a desmitificar la tecnología y destacando sus beneficios potenciales.

Facilitación del diálogo entre tecnología y ley:

Actuando como intermediarios, los abogados podemos garantizar que haya una comunicación efectiva entre los desarrolladores tecnológicos y los reguladores o el público.

IA:

Los expertos en IA y derecho pueden liderar la defensa de un uso ético de la tecnología, asegurando la protección de los derechos y libertades individuales.

A partir de este punto, verás un mundo nuevo que se nos avecina y entenderás por qué tienes que prepararte para ser parte activa de este cambio.

Parte I

Fundamentos del derecho digital

PRIMER PASO

Entendiendo el derecho digital

Las leyes tradicionales se mezclan con las nuevas tecnologías. En estos momentos, las transacciones en línea, la privacidad digital y la inteligencia artificial desafían las normas preestablecidas. Está surgiendo una nueva área del derecho: el derecho digital.

Exploremos la evolución de este campo fascinante, desde sus inicios hasta los desafíos que enfrenta hoy en día, para descubrir cómo puede transformar nuestra vida personal y profesional.

Cuando estudié computación en la ciudad de Mérida, apenas trabajábamos con Windows 95 e Intel 286, pueden imaginarse la lentitud para procesar los datos y la poca capacidad de los disquetes. Luego, estudié reparación de computadoras en la ciudad de Miami; estaban surgiendo los Pentium I. Posteriormente, estudié redes y me dediqué a la venta de computadores, para al final estudiar derecho y graduarme de abogado, por lo que cambié de oficio. Ahora con estas nuevas tecnologías me toca volver a las computadoras y dedicarme a enfrentar este reto, para así poder ayudar a aquellos que no han tenido la oportunidad de trabajar con las tecnologías y herramientas jurídicas, el nuevo derecho digital.

La evolución del derecho digital:

Los orígenes del derecho digital se remontan a los años 60 y 70, con la creación de las primeras redes de comunicación digital. La popularización de Internet en los años 90 aceleró la necesidad de un marco legal específico para regular el comercio electrónico, la firma digital y la protección de la privacidad en línea.

Hitos clave en la evolución del derecho digital:

- **1996:** Ley de Telecomunicaciones de Estados Unidos

- **1995:** Directiva de Protección de Datos de la Unión Europea

- **2000:** Directiva sobre comercio electrónico de la UE

- **2000:** Ley de Firma Electrónica en el Comercio Global y Nacional (ESIGN Act) de EE. UU.

- **2018:** Reglamento General de Protección de Datos (GDPR) de la UE

- **2024:** Ley de Inteligencia Artificial (IA ACT)

El derecho digital no solo se limita a las leyes, sino que también abarca las siguientes áreas:

- **Comercio electrónico:** compraventa de bienes y servicios online.

- **Propiedad intelectual digital:** protección de obras creativas en el entorno digital.

- **Ciberseguridad:** protección de sistemas informáticos y datos frente a ataques.

- **Protección de datos personales:** privacidad de la información personal.

- **Regulación de las redes sociales:** control del contenido y las actividades en las plataformas en línea.

- **Inteligencia artificial y ética:** desarrollo responsable de la tecnología.

- **Blockchain y criptomonedas:** regulación de las nuevas tecnologías financieras.

Importancia del derecho digital:

El derecho digital es crucial para…

- **Proteger los derechos de los ciudadanos:** Privacidad, seguridad, propiedad intelectual.

- **Mejorar la eficiencia del sistema legal:** Agilización de procesos, reducción de costes.

- **Promover la innovación tecnológica:** Creación de un entorno digital seguro y confiable.

Ejemplos del impacto del derecho digital:

- **Protección de datos:** El GDPR ha ayudado a prevenir el robo de identidad y ha dado a los ciudadanos más control sobre su información personal.

- **Firma electrónica:** Ha facilitado las transacciones comerciales y reducido el uso de papel.

- **Ciberseguridad:** Las leyes de ciberseguridad han ayudado a proteger a las empresas y a los ciudadanos de los ataques cibernéticos.

Riesgos de la falta de regulación:

- **Ciberdelincuencia:** robo de identidad, fraude, estafas.

- **Falta de protección de la privacidad:** uso indebido de datos personales.

- **Violaciones de la propiedad intelectual:** plagio, piratería.

- **Discriminación algorítmica:** sesgo en los sistemas de inteligencia artificial.

Naturaleza del derecho digital:

El derecho digital es un campo en constante evolución, debido al rápido desarrollo de las tecnologías digitales. Es un derecho interdisciplinario, que se nutre de otras áreas del derecho, como el derecho civil, el derecho mercantil, el derecho penal y el derecho administrativo.

Alcance del derecho digital:

El derecho digital tiene un alcance global, ya que las actividades que regula se realizan en el ámbito internacional. Es importante tener en cuenta las diferentes legislaciones nacionales e internacionales que regulan el derecho digital.

Instancia y juez competente:

La instancia y el juez competente para resolver los conflictos relacionados con el derecho digital dependerán de la naturaleza del conflicto y de la legislación aplicable. En algunos casos, los conflictos pueden resolverse a través de mecanismos de resolución de controversias en línea.

Los abogados especializados en derecho digital debemos estar preparados para navegar la complejidad de la jurisdicción en el ámbito digital. Esto incluye:

- Entender cómo las leyes y regulaciones de diferentes jurisdicciones pueden aplicarse a casos que involucran actividades en línea.

- Estar al tanto de los tratados internacionales y los mecanismos de cooperación que pueden influir en la resolución de conflictos de jurisdicción.

- Evaluar cuidadosamente la ubicación de los servidores, la residencia de los usuarios y los puntos de acceso a los servicios digitales al considerar cuestiones de jurisdicción.

El derecho digital requiere una perspectiva global y adaptativa, capaz de abordar los desafíos presentados por la constante evolución de las tecnologías y el entorno en línea. La habilidad para manejar estos aspectos será cada vez más valiosa a medida que nuestra sociedad y economía se vuelvan aún más digitalizadas.

Impacto de la tecnología en el derecho

En la era actual, la tecnología no solo ha transformado la manera en que vivimos, trabajamos y nos comunicamos, sino que también ha tenido un impacto profundo y multifacético en el campo del derecho. Este se manifiesta de diversas formas, desde la creación de nuevas ramas del derecho hasta la modificación de prácticas legales tradicionales y la formación de jurisprudencia en respuesta a desafíos tecnológicos.

Transformación de las prácticas legales

La adopción de tecnologías como la inteligencia artificial (IA), el *blockchain* y el análisis de grandes volúmenes de datos (*big data*) están redefiniendo las operaciones dentro de las firmas de abogados y los departamentos legales. Algunas herramientas de software avanzadas permiten ahora la revisión y análisis de documentos legales a una velocidad que supera con creces las capacidades humanas y con una precisión que permite optimizar el tiempo y los recursos.

Ejemplo: La implementación de sistemas basados en IA para la revisión de contratos en fusiones y adquisiciones. Estos sistemas pueden analizar miles de documentos contractuales en cuestión de horas, identificando cláusulas de riesgo, obligaciones y derechos de manera eficiente. Esto contrasta marcadamente con el proceso manual, que podría llevar semanas o incluso meses, dependiendo del volumen de documentos.

Creación de nuevas ramas del derecho

La evolución tecnológica ha llevado a la creación de nuevas áreas de especialización dentro del derecho, como el derecho de la ciberseguridad, el derecho de las criptomonedas y el derecho de la privacidad digital. Estas nuevas ramas abordan cuestiones específicas surgidas del uso y desarrollo de tecnologías avanzadas.

Ejemplo: La regulación del uso y comercio de criptomonedas es un área que ha emergido directamente como respuesta a la innovación tecnológica. Legislaciones y directrices en diferentes jurisdicciones buscan abordar cuestiones de seguridad, transparencia y legalidad en las transacciones con criptomonedas, como Bitcoin o Ethereum, planteando desafíos únicos en términos de regulación financiera, evasión fiscal y prevención del lavado de dinero.

Modificación de la jurisprudencia

El avance tecnológico también ha influido en la jurisprudencia, con tribunales de todo el mundo enfrentándose a la tarea de interpretar leyes existentes en el contexto de casos que involucran tecnologías emergentes. Esto ha llevado, a veces, a la reinterpretación de principios legales establecidos para adaptarlos a la realidad digital.

Ejemplo: El caso de *Right to be Forgotten* (Derecho al olvido) en la Unión Europea, donde el Tribunal de Justicia de la Unión Europea dictaminó que los individuos tienen derecho a solicitar a los motores de búsqueda que eliminen ciertos resultados de búsqueda que contengan información personal que sea inexacta, irrelevante o excesiva. Este caso refleja cómo los tribunales deben equilibrar los derechos de privacidad de los individuos con la libertad de expresión y el acceso a la información en el ámbito digital.

El impacto de la tecnología en el derecho es amplio y profundo, obligando a una constante evolución y adaptación de las prácticas legales, la formación de nuevas áreas de especialización jurídica y la reinterpretación de la jurisprudencia. Este dinamismo subraya la importancia crítica del derecho digital en la era actual, destacando la necesidad de que los profesionales del derecho nos mantengamos al día con las innovaciones tecnológicas para abogar, legislar y juzgar eficazmente en el contexto contemporáneo.

Casos de uso y aplicaciones

El derecho digital, en su intersección con las tecnologías avanzadas, encuentra aplicación en una amplia gama de contextos, y ofrece soluciones a desafíos legales contemporáneos que mejoran la eficiencia y accesibilidad de los servicios legales. A continuación, se exploran algunos casos de uso y aplicaciones significativos del derecho digital en la era actual.

Comercio electrónico y contratos inteligentes

El comercio electrónico ha experimentado un crecimiento exponencial, impulsado por la conveniencia y la eficiencia de realizar transacciones en línea. El derecho digital aborda los aspectos legales de estas transacciones, incluidos los derechos del consumidor, la privacidad de datos y las cuestiones de jurisdicción. Además, la tecnología *blockchain* ha facilitado el desarrollo de contratos inteligentes que se ejecutan automáticamente cuando se cumplen condiciones preestablecidas, ofreciendo una mayor seguridad y eficiencia en las transacciones en línea.

Ejemplo: Una empresa que vende productos a través de una plataforma en línea utiliza contratos inteligentes para gestionar las ventas. Estos contratos no solo automatizan el proceso de entrega y pago, sino que también garantizan la devolución automática del pago si el producto no se entrega según lo acordado, mejorando así la confianza y la satisfacción del cliente.

Protección de datos y privacidad

La protección de datos personales y la privacidad en línea se han convertido en preocupaciones centrales en la era digital. El derecho digital establece el marco legal para la recopilación, el uso y la transferencia de datos personales, que permite proteger los derechos de los individuos y asegura que las entidades que manejan datos personales cumplan con prácticas de gestión de datos seguras y éticas.

Ejemplo: La implementación del Reglamento General de Protección de Datos (GDPR) en la Unión Europea ha transformado cómo las empresas gestionan los datos personales de los ciudadanos de la UE, ofreciendo a los individuos un mayor control sobre sus datos personales y obligando a las empresas a adherirse a estrictos requisitos de consentimiento, transparencia y seguridad. Mientras que en China el control sobre los datos personales está en manos del gobierno, en Estados Unidos ese control lo tienen las grandes corporaciones y empresas privadas.

Ciberseguridad y delitos informáticos

Con el aumento de la actividad en línea, los delitos informáticos y las ciberamenazas se han vuelto más frecuentes y sofisticados. El derecho digital abarca la legislación relativa a la ciberseguridad, proporcionando herramientas legales para combatir el cibercrimen, proteger la infraestructura crítica y asegurar la integridad y disponibilidad de los sistemas de información.

Ejemplo: La cooperación internacional para combatir la red de botnets, que son redes de computadoras infectadas utilizadas para cometer delitos en línea, como ataques de denegación de servicio (DDoS) y fraude. Las leyes de ciberseguridad permiten a las agencias gubernamentales y a las entidades privadas colaborar en la identificación y desmantelamiento de estas redes, lo que protege a los usuarios y la infraestructura crítica.

Propiedad intelectual en el entorno digital

El entorno digital plantea desafíos únicos para la protección de la propiedad intelectual, especialmente en lo que respecta a los derechos de autor, las marcas registradas y las patentes. El derecho digital proporciona el marco para proteger las creaciones intelectuales en línea, abordando cuestiones como la distribución no autorizada de contenido digital, la piratería y el uso indebido de marcas registradas en línea.

Ejemplo: Un músico que distribuye su música en línea a través de plataformas de streaming. Las leyes de derechos de autor digitales aseguran que reciba compensación por el uso de su trabajo, mientras que las herramientas tecnológicas, como la identificación digital de contenidos, ayudan a prevenir y combatir la distribución no autorizada de su música.

Estos casos de uso y aplicaciones ilustran cómo el derecho digital desempeña un papel crucial en la regulación de las interacciones en el espacio digital, lo que garantiza que la innovación tecnológica se desarrolle de manera que respete los derechos y la seguridad de todos los usuarios.

Volvamos al derecho tradicional digitalizado.

Debemos comprender cómo el derecho digital interactúa con la jurisdicción tradicional y cómo las tecnologías emergentes pueden utilizarse dentro del sistema legal sin constituir necesariamente el "derecho digital" en sí. Vamos a analizar estos puntos:

Uso de tecnología en el sistema judicial tradicional

La implementación de tecnologías como software basado en IA y bots por jueces y fiscales para agilizar los procesos y manejar la carga de casos se inscribe dentro de la modernización del sistema judicial. Esto no altera el marco jurídico sustantivo o procesal existente; más bien, introduce herramientas para mejorar la eficiencia operativa. En estos casos, la jurisdicción sigue siendo claramente nacional, y las decisiones se basan en la ley aplicable del país en cuestión. La adopción de estas tecnologías:

• No modifica la naturaleza de los delitos o las disposiciones legales: el uso de IA para análisis o gestión de casos no cambia la interpretación de la ley.

• Se rige por las normas procesales existentes: las herramientas tecnológicas deben cumplir con las normas y procedimientos judiciales establecidos.

SEGUNDO PASO

JURISDICCIÓN Y LAS VPN

JURISDICCIÓN

Los criterios para determinar la jurisdicción pueden variar dependiendo del área del derecho y del contexto específico, pero generalmente incluyen los siguientes aspectos:

1. Lugar de residencia de los usuarios: Al igual que en el derecho convencional, el domicilio o lugar de residencia de los usuarios de servicios digitales puede ser un factor relevante. Sin embargo, identificar y probar la residencia en el entorno digital puede ser desafiante, especialmente cuando los usuarios participan en actividades en línea de manera anónima y utilizan pseudónimos o VPN.

2. Ubicación de los servidores y datos: En el entorno digital, los datos pueden almacenarse y transferirse a través de fronteras internacionales en cuestión de segundos. Los tribunales a menudo consideran la ubicación de los servidores que almacenan estos datos como un factor para determinar la jurisdicción, pero este criterio puede ser complicado cuando los datos están distribuidos en múltiples jurisdicciones o almacenados en la nube.

3. Lugar donde se realizaron los hechos: La jurisdicción también puede establecerse en función de dónde ocurrieron los hechos que dieron lugar al caso. Si un acto o transacción ocurrió dentro de los límites territoriales de una jurisdicción, los tribunales de esa jurisdicción pueden tener la autoridad para juzgar el caso.

4. Puntos de acceso a los servicios digitales: La jurisdicción también puede basarse en el lugar desde donde los usuarios acceden a servicios digitales. Esto puede incluir la consideración de direcciones IP, que pueden proporcionar información geográfica aproximada sobre la ubicación de los usuarios.

5. Nacionalidad: En algunos casos, la nacionalidad de las personas involucradas puede ser un factor relevante, especialmente en el ámbito del derecho internacional privado y en cuestiones que involucran a ciudadanos en el extranjero.

6. Ámbito internacional - Tratados y acuerdos bilaterales: En el derecho internacional, los tratados y acuerdos bilaterales entre países pueden establecer reglas específicas sobre la jurisdicción. Estos acuerdos pueden definir cómo y cuándo los tribunales de un país pueden ejercer jurisdicción sobre casos que involucren elementos extranjeros, lo que permite que resuelvan conflictos de jurisdicción y faciliten la cooperación legal internacional.

En el contexto del derecho digital, la determinación de la jurisdicción puede ser particularmente compleja debido a la naturaleza transfronteriza de Internet y las transacciones digitales. Esto plantea desafíos, como determinar qué leyes aplican a los actos realizados en línea, cuándo pueden los tribunales de un país juzgar a individuos o entidades que operan desde otro país y cómo se manejan los conflictos entre diferentes regímenes legales. La jurisdicción en el ámbito digital a menudo requiere considerar múltiples factores, incluida la ubicación de los servidores, el lugar de residencia de los usuarios y los puntos de acceso a los servicios digitales.

Los abogados especializados en derecho digital debemos estar preparados para navegar en la complejidad de la jurisdicción en el ámbito digital. Esto incluye:

- Entender cómo las leyes y regulaciones de diferentes jurisdicciones pueden aplicarse a casos que involucran actividades en línea.

- Estar al tanto de los tratados internacionales y los mecanismos de cooperación que pueden influir en la resolución de conflictos de jurisdicción.

- Evaluar cuidadosamente la ubicación de los servidores, la residencia de los usuarios y los puntos de acceso a los servicios digitales al considerar cuestiones de jurisdicción.

El derecho digital requiere una perspectiva global y adaptativa, capaz de abordar los desafíos presentados por la constante evolución de las tecnologías y el entorno en línea. La habilidad para manejar estos aspectos será cada vez más valiosa a medida que nuestra sociedad y economía se vuelvan aún más digitalizadas.

Delitos en la nube y jurisdicción digital

Los delitos cometidos en entornos digitales, especialmente aquellos que involucran la nube o plataformas en línea donde los sujetos operan desde diferentes jurisdicciones, plantean desafíos únicos para la ley. Aquí es donde el concepto de "derecho digital" se vuelve más relevante, y aborda aspectos como:

• **Jurisdicción transfronteriza**: Determinar qué ley aplicar cuando un delito se comete en un espacio digital sin fronteras claras es complicado. Los casos que involucran partes en diferentes países requieren considerar tratados internacionales, leyes locales y principios de jurisdicción extraterritorial.

• **Naturaleza del delito**: Los delitos digitales pueden no tener un equivalente directo en el código penal tradicional, lo que requiere una interpretación y aplicación adaptadas de la ley.

• **Cooperación internacional**: La resolución de estos casos a menudo depende de la cooperación entre países, lo que puede ser facilitado por acuerdos bilaterales o marcos legales internacionales, como la convención de Budapest sobre ciberdelincuencia.

Aspectos importantes relacionados con la evolución hacia una era de derecho digital y cómo la jurisdicción y la naturaleza transfronteriza (o su ausencia) de los delitos digitales influyen en la toma de decisiones judiciales. Podemos deducir varias consideraciones clave para el futuro del derecho digital:

1. Determinación de la jurisdicción

La decisión de un juez debe reflejar la importancia de determinar la jurisdicción basándose en factores como el domicilio de la víctima, la ubicación del servidor donde se alojan los datos comprometidos (veamos un ejemplo del hackeo de un blog) y la nacionalidad del atacante. Aunque el delito haya ocurrido en el espacio digital, en este caso la víctima y el atacante tienen domicilio nacional y el servidor tiene su sede local, la ausencia de elementos transfronterizos puede llevar al juez a concluir que el caso debería tratarse dentro del marco legal nacional, no bajo una jurisdicción digital global o especializada.

2. Necesidad de marcos legales flexibles

En algunos casos existe la necesidad de un marco legal que pueda adaptarse a la complejidad de los delitos digitales. Aunque en el ejemplo anterior el juez puede que no identificara una transgresión fronteriza, la realidad digital de hoy día exige leyes que puedan abordar tanto delitos puramente locales como aquellos de naturaleza internacional. Reconociendo la fluidez de las fronteras en el entorno digital, la víctima puede alegar que su información y sus fotos privadas han sido expuestas en las redes sociales, aquí es donde debemos manejar el caso con absoluta habilidad y destreza.

3. Importancia de la cooperación internacional

Para casos que sí involucren elementos transfronterizos, este ejemplo resalta la importancia de la cooperación internacional y los tratados bilaterales o multilaterales que faciliten la persecución de delitos digitales. Aunque no fue aplicable en este caso específico, el escenario subraya la necesidad de mecanismos legales que permitan la colaboración efectiva entre jurisdicciones.

4. "Policías digitales" y tribunales especializados

Una "policía digital" y un tribunal potencialmente especializado en materia digital sugiere la posibilidad de crear entidades dedicadas solo a abordar cuestiones legales en el ámbito digital. Esto plantea preguntas sobre cómo se estructurarían dichas entidades, sus poderes y su interacción con los sistemas legales tradicionales.

En uno de los próximos libros que publicaré abordo el nuevo sistema judicial digital, allí se aclara todo lo relacionado con el juez, los fiscales, abogados, alguaciles, policía, peritos, cadena de custodia, tribunales, delitos, penas y jurisdicción digitales. Es un planteamiento para el futuro, aunque no creo que sea muy lejano.

5. Educación y concienciación sobre derecho digital

Existe la necesidad de educar tanto a los profesionales del derecho como al público en general sobre los aspectos únicos del derecho digital. Comprender la jurisdicción, las garantías y las responsabilidades en el espacio digital es crucial para navegar y protegerse en el mundo en línea.

Para navegar eficazmente por el complejo entramado de casos digitales utilizando métodos y principios legales tradicionales, es esencial adoptar un enfoque holístico que abarque tanto el conocimiento profundo de la legislación local e internacional como la comprensión de los desafíos únicos presentados por la globalización y las jurisdicciones múltiples. Haciendo un estudio detallado de las leyes locales relacionadas con los delitos digitales, la privacidad de datos, la propiedad intelectual en línea y el comercio electrónico, los abogados pueden entender cómo se aplican estas leyes en casos específicos.

Este conocimiento se complementa al familiarizarse con tratados y convenios internacionales relevantes como, por ejemplo:

- **El Convenio de Budapest sobre la Ciberdelincuencia,** que establece un marco común para la cooperación en la lucha contra los delitos informáticos.

- **Convenio para la Protección de los Derechos Humanos y las Libertades Fundamentales (Convenio Europeo de Derechos Humanos),** aunque no se enfoca exclusivamente en el ámbito digital, establece derechos relevantes como el derecho a la privacidad, que impactan directamente en la regulación de la privacidad de datos y la vigilancia en línea.

- **Reglamento General de Protección de Datos (GDPR) de la Unión Europea,** aunque es un reglamento de la UE, su alcance extraterritorial afecta a empresas de todo el mundo que procesen datos de ciudadanos de la UE, estableciendo estándares estrictos para la protección de datos personales.

- **Acuerdo Comercial Antifalsificación (ACTA),** aunque no entró en vigor, el ACTA influyó en la legislación nacional y tratados posteriores sobre la protección de la propiedad intelectual y la lucha contra la falsificación y la piratería en el entorno digital.

- **Tratado de Marrakech**, facilita el acceso a obras publicadas para personas ciegas, con discapacidad visual o con otras dificultades para acceder al texto impreso, incluyendo formatos digitales, lo que tiene implicaciones para los derechos de autor en línea.

- **Tratados de la Organización Mundial de la Propiedad Intelectual (OMPI)**, incluyendo el Tratado de la OMPI sobre Derecho de Autor (WCT) y el Tratado de la OMPI sobre Interpretación o Ejecución y Fonogramas (WPPT), que establecen estándares de protección de la propiedad intelectual en el entorno digital.

- **Acuerdo Transpacífico de Cooperación Económica (TPP)** y su sucesor, el **Acuerdo Integral y Progresista de Asociación Transpacífico (CPTPP)**, estos acuerdos incluyen capítulos sobre propiedad intelectual, comercio electrónico y protección de datos personales, influyendo en las prácticas comerciales y legales en países miembros.

- **Acuerdo sobre los Aspectos de los Derechos de Propiedad Intelectual relacionados con el Comercio (ADPIC)**, establece estándares mínimos para la regulación de varios aspectos de la propiedad intelectual, incluidos aquellos relevantes para el entorno digital.

- **Convenio 108 del Consejo de Europa para la protección de las personas respecto al tratamiento automatizado de datos de carácter personal**, es el primer instrumento internacional vinculante en materia de protección de datos, y su modernización, el **Protocolo de Enmienda al Convenio 108** (Convenio 108+), refuerza las garantías en el contexto de la globalización y el desarrollo tecnológico.

- **Ley de Inteligencia Artificial (IA ACT)** aprobada por el Parlamento Europeo, legislación que tiene como objetivos primordiales salvaguardar los derechos fundamentales de los ciudadanos y garantizar la democracia y el Estado de derecho frente a los posibles riesgos en el uso de esta tecnología, así como fomentar la innovación en este campo.

Continuando con la decisión del juez basada en la determinación de que no hubo transgresión fronteriza y que el caso debe tratarse dentro de la jurisdicción nacional debido a la ausencia de elementos internacionales, esta refleja la aplicación de principios de jurisdicción tradicionales. Sin embargo, la posibilidad de apelar dicha decisión o la necesidad de abordar el caso dentro de un marco específicamente digital depende de varios factores:

Posibilidad de apelación

1. **Fundamentos legales para apelar:** En la mayoría de los sistemas judiciales, las decisiones de los jueces pueden ser objeto de apelación si se cree que se han interpretado incorrectamente los hechos, aplicado erróneamente la ley o ignorado elementos relevantes del caso. Si la parte afectada considera que el juez no tomó en cuenta de manera adecuada la naturaleza del delito digital o sus impactos podría buscar apelar la decisión basándose en estos argumentos.

2. **Consideraciones sobre jurisdicción digital:** Aunque el juez determine que un caso debe ser tratado dentro de la jurisdicción nacional, la parte afectada podría argumentar que, dada la naturaleza digital del delito y su impacto potencialmente global (por ejemplo, la afectación a usuarios internacionales de una tarjeta de crédito o que la víctima alegue que su información ha sido expuesta en las redes sociales, sus fotos privadas), el caso amerita una consideración más amplia que podría justificar un enfoque más especializado o, incluso, la intervención de jurisdicciones o foros internacionales.

Separación de lo digital

1. **Marco jurídico existente:** La decisión de separar o no este caso del ámbito digital depende del marco jurídico existente en el país en cuestión. Si hay leyes específicas que traten los delitos digitales de manera distinta o existen tribunales especializados en ciberdelitos, estos podrían proporcionar un fundamento para argumentar que el caso debería reconsiderarse bajo estos marcos.

2. **Necesidad de especialización:** la complejidad técnica de los delitos digitales a menudo requiere de una comprensión especializada que los tribunales generales pueden no poseer. Esto podría ser un argumento a favor de tratar el caso dentro de un sistema legal más enfocado en lo digital, si tal opción está disponible.

Conclusión

La decisión de apelar y la argumentación para hacerlo dependerán de la interpretación de la ley, la evaluación de los hechos del caso y la existencia de marcos legales que puedan ofrecer un mejor tratamiento de los delitos digitales. La evolución del derecho digital y la creciente necesidad de especialización en la materia sugieren que, en el futuro, podríamos ver una mayor claridad y opciones para abordar casos como este, ya sea a través de la creación de jurisdicciones digitales especializadas o mediante la adaptación de las leyes existentes para reflejar mejor la realidad de los delitos cometidos en entornos digitales.

Para manejar eficazmente los casos digitales, es crucial fomentar la colaboración y cooperación internacional, utilizando mecanismos de asistencia legal mutua (MLAT) y promoviendo la cooperación con agencias internacionales como INTERPOL y EUROPOL. Este enfoque global es necesario para facilitar la investigación y el procesamiento de casos que involucran elementos transfronterizos, ya que reflejan el impacto de la globalización en el derecho digital.

La adopción de tecnologías forenses digitales y la capacitación continua en herramientas tecnológicas especializadas son indispensables para la recopilación, análisis y presentación de evidencia digital, de manera que sea admisible en procedimientos judiciales, respetando los principios de cadena de custodia y las leyes locales sobre evidencia. Además, la exploración de la jurisdicción concurrente y la negociación de acuerdos extrajudiciales destacan la necesidad de estrategias procesales innovadoras en un mundo donde las jurisdicciones pueden ser múltiples y complejas.

Exploraremos algunas estrategias procesales innovadoras que pueden ayudar a abordar disputas que involucran múltiples jurisdicciones y sistemas legales. Dichas estrategias se adaptarán a las realidades cambiantes del entorno legal global.

Arbitraje internacional: Es un mecanismo alternativo de resolución de disputas que permite a las partes elegir un foro neutral para resolver sus diferencias fuera de los tribunales tradicionales.

Características claves:

Flexibilidad: las partes pueden elegir la sede del arbitraje, la ley aplicable y el idioma del procedimiento.

Aplicabilidad global: los laudos arbitrales son reconocidos y ejecutados en más de 160 países gracias a la Convención de Nueva York.

Confidencialidad: las partes pueden mantener la información comercial confidencial fuera del dominio público.

Ejemplo: Si dos empresas de diferentes países tienen una disputa contractual, pueden optar por someterla a arbitraje internacional en lugar de litigar en tribunales nacionales.

Capítulo 15 y fusiones transfronterizas

El capítulo 15 del Código de Quiebras de Estados Unidos trata específicamente sobre fusiones y adquisiciones transfronterizas. Facilita el reconocimiento y la ejecución de procedimientos de insolvencia extranjeros.

Aspectos claves:

- Reconocimiento de procedimientos extranjeros: Permite a los representantes extranjeros buscar asistencia de los tribunales estadounidenses para administrar activos y resolver disputas.
- Cooperación y comunicación: Promueve la coordinación entre tribunales y representantes extranjeros para evitar conflictos y duplicación de esfuerzos.
- Protección de intereses: Busca proteger los intereses de las partes involucradas en casos de insolvencia transfronteriza.

Ejemplo: Si una empresa extranjera se declara en quiebra y tiene activos en Estados Unidos, el Capítulo 15 permite al representante extranjero solicitar reconocimiento y asistencia de los tribunales estadounidenses.

Negociación colaborativa: En lugar de litigar, las partes pueden optar por una negociación colaborativa. Esto implica discutir y buscar soluciones mutuamente aceptables.

Aspectos claves:

- **Enfoque en intereses comunes**: Buscar soluciones que beneficien a ambas partes.
- **Creatividad:** Explorar opciones innovadoras para resolver la disputa.

Ejemplo: Dos empresas que operan en diferentes jurisdicciones pueden negociar un acuerdo de licencia de patente en lugar de enfrentarse en tribunales.

La educación y concienciación sobre los derechos y responsabilidades en el espacio digital, tanto para profesionales del derecho como para el público en general, junto con el impulso a reformas legales que aborden las lagunas en la legislación existente respecto a delitos digitales y jurisdicción, son fundamentales para adaptarse a las realidades de un entorno digital globalizado. Es esencial hacer énfasis en la privacidad y la protección de datos, asesorando a clientes sobre el cumplimiento de protección de datos en operaciones transfronterizas y guiándolos a través de las complejidades de regulaciones como el GDPR en Europa o la CCPA en California.

Finalmente, el impacto de la globalización y las jurisdicciones múltiples en el derecho digital subrayan la importancia de un enfoque adaptativo y colaborativo. Los abogados debemos estar preparados para enfrentar desafíos que trascienden las fronteras nacionales y requerimos una comprensión profunda de cómo las leyes locales e internacionales interactúan en el ámbito digital. Este enfoque integral no solo nos prepara a los abogados para los desafíos actuales, sino que también nos equipa para el futuro del derecho digital en un mundo cada vez más interconectado.

Para los abogados digitales y legisladores, el desafío radica en equilibrar la eficacia y la justicia en la aplicación de la ley en un mundo cada vez más digitalizado, asegurando que la jurisdicción y las disposiciones legales sean adecuadas y efectivas, tanto para los delitos cometidos dentro de una sola jurisdicción como para aquellos que trascienden fronteras nacionales.

HABLEMOS UN POCO DE LAS VPN:

El uso de Redes Privadas Virtuales (VPN) añade una capa de complejidad a la determinación de la jurisdicción en el ámbito digital. Las VPN permiten a los usuarios encriptar su tráfico de Internet y ocultar su ubicación real al conectarse a servidores en otras partes del mundo. Esto tiene varias implicaciones para el derecho digital:

Impacto en la determinación de la jurisdicción

- Ocultamiento de la ubicación real: Dado que los VPN pueden hacer aparecer a un usuario como si estuviera accediendo a Internet desde una ubicación diferente, determinar la jurisdicción basada en la ubicación geográfica real del usuario se vuelve desafiante. Por ejemplo, un usuario en Francia podría utilizar un VPN para aparecer como si estuviera en Estados Unidos, complicando la aplicación de leyes de protección de datos o derechos de autor.

Desafíos para la aplicación de la ley

- Investigaciones de ciberdelitos: El uso de VPN puede dificultar las investigaciones de ciberdelitos, ya que oculta la dirección IP del usuario, que a menudo se utiliza como un punto de partida para rastrear actividades ilegales en línea.

Implicaciones para la protección de datos y la privacidad

- Cumplimiento de regulaciones: Las empresas que recopilan datos de usuarios a través de Internet deben considerar cómo las VPN afectan su capacidad para cumplir con regulaciones como el GDPR, que se basa en la ubicación del usuario para determinar su aplicabilidad.

Ejemplo práctico

- Servicios de streaming: Plataformas como Netflix utilizan tecnología para detectar y bloquear el uso de VPN por parte de los usuarios, ya que los acuerdos de licencia para el contenido varían según la región. Esto resalta cómo las empresas intentan manejar la jurisdicción y los derechos de autor en un entorno digital complicado por el uso de VPN.

Consideraciones para abogados digitales

- Asesoramiento sobre VPN: Debemos estar preparados para asesorar a las empresas sobre las implicaciones legales del uso de VPN, tanto en cómo pueden afectar la aplicación de la ley como la importancia del cumplimiento de regulaciones internacionales.

- Privacidad y seguridad: Aunque las VPN ofrecen beneficios significativos en términos de privacidad y seguridad, también presentan desafíos legales que deben navegarse cuidadosamente, en especial en lo que respecta a la jurisdicción y la aplicabilidad de la ley.

El uso de VPN ilustra la naturaleza cambiante y, a menudo, esquiva del entorno digital, planteando preguntas sobre jurisdicción, privacidad y aplicación de la ley que los abogados digitales debemos abordar de manera informada y estratégica.

Para demostrar que una persona utilizó una VPN (Red Privada Virtual) para cometer un delito, un abogado digital necesitaría recurrir a una combinación de métodos técnicos de investigación y análisis de datos, así como posiblemente colaborar con expertos en ciberseguridad. Aquí te detallamos un enfoque general que podría seguirse:

1. **Análisis de registros de conexión (Logs):** Los proveedores de servicios de internet (ISP) y las plataformas afectadas por el delito pueden tener registros de conexión que muestren el uso de direcciones IP asociadas a servicios de VPN. Los abogados podemos solicitar estos registros mediante un proceso legal adecuado, como una orden judicial.

2. **Investigación forense digital**: Los expertos en ciberseguridad pueden realizar análisis forenses de dispositivos sospechosos para encontrar evidencias del uso de VPN. Esto puede incluir la búsqueda de aplicaciones de VPN instaladas, configuraciones de red específicas o rastros de actividad en línea que solo podrían haberse realizado a través de una VPN.

3. **Colaboración con proveedores de VPN:** Aunque muchas VPN prometen no guardar registros de la actividad de sus usuarios, en

ciertos casos y bajo condiciones legales específicas, podrían colaborar con investigaciones si existen evidencias claras de actividad criminal. Este paso es complicado y depende mucho de la jurisdicción y las políticas del proveedor de VPN.

4. **Análisis de patrones de tráfico:** Especialistas en análisis de datos y ciberseguridad pueden examinar patrones de tráfico sospechosos que indiquen el uso de VPN. Por ejemplo, un acceso anómalo a servicios restringidos por región o patrones de tráfico que no coinciden con lo esperado para una ubicación geográfica podrían ser indicativos.

5. **Herramientas y tecnología específica**: Existen varias herramientas de software específicas utilizadas en la investigación forense digital para detectar y analizar el uso de VPN.

A continuación, te presentamos algunas de estas herramientas y una breve descripción de cómo funcionan:

- **Wireshark:** Es una herramienta de captura y análisis de red de código abierto. Permite ver lo que sucede en una red a un nivel microscópico. Puede analizar el tráfico de red, incluyendo conexiones VPN. Funciona capturando paquetes de datos en la red y proporcionando una vista detallada de los protocolos utilizados, direcciones IP, puertos y más.

- **Autopsy:** Es un programa forense digital de código abierto basado en GUI. Se utiliza para analizar discos duros y teléfonos inteligentes de manera eficiente. Algunas de sus características incluyen análisis de correo electrónico, detección de tipos de archivo, reproducción multimedia, análisis de registro, recuperación de fotos de tarjetas de memoria, extracción de geolocalización e información de la cámara a partir de archivos JPEG (extracción de actividad web desde un navegador, visualización de eventos del sistema en una interfaz gráfica, extracción de datos de Android: SMS, registros de llamadas, contactos, etc.) y generación de informes en formato de archivo HTML y XLS2.

- **Detector de disco cifrado**: Esta herramienta es útil para verificar unidades físicas cifradas, es compatible con sistemas de cifrado como TrueCrypt, PGP, BitLocker y volúmenes cifrados Safeboot.

- **Kit Forense de Passware**: Utilizado por fuerzas del orden como el FBI y Europol, este kit es una herramienta superior para investigaciones serias. Su función de recuperación de contraseñas funciona para más de 340 casos de uso, incluyendo MS Office, billeteras de Bitcoin, llaveros de Mac OS X, administradores de contraseñas, PDF, BitLocker y más. Destaca su análisis de memoria en vivo, que ayuda a descubrir claves de cifrado y contraseñas en una imagen de disco.

Recuerda que estas herramientas pueden utilizarse para diversos fines forenses, incluyendo la detección de uso de VPN, el análisis de discos cifrados y la recuperación de contraseñas, que pueden ser útiles para recopilar pruebas.

6. **Testimonios de expertos:** En la corte, el testimonio de expertos en ciberseguridad que puede explicar cómo se utilizó una VPN en el contexto del delito podría ser crucial. Estos expertos tienen la capacidad de ayudar a interpretar la evidencia técnica para que sea comprensible para un juez o jurado.

La legalidad y ética de estos métodos deben ser cuidadosamente consideradas, y cualquier investigación debe realizarse dentro del marco de la ley. La obtención de pruebas de esta naturaleza puede ser compleja y requiere una comprensión sólida tanto de la tecnología como de las leyes aplicables.

Comprender la legalidad de las VPN:

Varía por país: La legalidad de las VPN varía según el país. Algunos países las consideran ilegales, mientras que otros las permiten.

Actividades ilegales: Aunque usar una VPN es legal, realizar actividades ilegales a través de ella no lo es. Los usuarios siguen sujetos a la legislación de su país y pueden enfrentar consecuencias legales.

Educación al cliente: Como abogados, debemos educar a los clientes sobre los límites legales y las responsabilidades al usar una VPN.

Preparación para casos relacionados con VPN:

Investigación jurisdiccional: Antes de enfrentar un caso, investiga las leyes específicas en la jurisdicción relevante. Comprende cómo se tratan las VPN en ese país.

Registro de actividades: Si representas a un cliente acusado de actividades ilegales a través de una VPN, busca evidencia que respalde o refute las acusaciones. Esto podría incluir registros de actividad de la VPN, registros de tiempo y más.

Colaboración con expertos técnicos: Si aún no te has especializado, trabaja con expertos en tecnología para comprender cómo funcionan las VPN y cómo se pueden rastrear las actividades en línea.

Casos específicos relacionados con VPN: Violación de derechos de autor. Los casos de infracción de derechos de autor a menudo involucran el uso de VPN para eludir restricciones geográficas. Los abogados debemos evaluar si se ha infringido algún derecho de autor y cómo se relaciona con el uso de la VPN.

Ciberdelitos: En casos de ciberdelitos, como el robo de datos o el acceso no autorizado a sistemas, investiga si se utilizó una VPN para ocultar la identidad del perpetrador.

Derecho a la privacidad: A veces, los usuarios legítimos utilizan VPN para proteger su privacidad. Los abogados debemos considerar el equilibrio entre la privacidad y la aplicación de la ley.

En resumen, la comprensión de las VPN, su legalidad y su aplicación en casos específicos es esencial para nosotros los abogados. La preparación adecuada y la colaboración con expertos ayudarán a enfrentar situaciones relacionadas con el uso de VPN de manera efectiva.

TERCER PASO

Conozcamos las áreas del derecho digital

El derecho digital, como campo jurídico, abarca un espectro amplio y diverso de áreas que reflejan la interacción entre la tecnología, la sociedad y la ley. En la actualidad, este campo está en constante evolución, adaptándose a los rápidos avances tecnológicos y al cambiante paisaje digital. Sin nombrar áreas específicas, podemos decir que el derecho digital toca todos los aspectos de nuestras vidas digitales, desde cómo interactuamos en línea hasta cómo se protegen nuestros datos personales, cómo se regulan las transacciones electrónicas y cómo se abordan los delitos cometidos en el espacio digital.

En la actualidad, el derecho digital se enfrenta al desafío de equilibrar la innovación tecnológica con la protección de los derechos individuales y colectivos. Este equilibrio es crucial para fomentar un entorno digital que sea seguro, justo y abierto, que promueva al mismo tiempo el crecimiento económico y la innovación. La ley debe ser lo suficientemente flexible como para adaptarse a nuevas tecnologías, pero también lo necesariamente robusta como para ofrecer protecciones efectivas contra el abuso y el daño. Esto implica una constante reevaluación de principios legales tradicionales y, en algunos casos, la creación de nuevas leyes y regulaciones que puedan abordar de manera efectiva los desafíos únicos presentados por el entorno digital.

Mirando al futuro podemos anticipar que las áreas del derecho digital continuarán expandiéndose y especializándose a medida que emergen nuevas tecnologías y aplicaciones. Los desarrollos en inteligencia artificial, Internet de las cosas (IoT), blockchain y computación cuántica, entre otros, traerán consigo nuevas preguntas y desafíos legales. Por ejemplo, la IA plantea cuestiones sobre la responsabilidad en decisiones automatizadas, la ética de los sistemas autónomos y los derechos de propiedad intelectual sobre las creaciones generadas por máquinas.

Además, la creciente interconexión global y la dependencia de las infraestructuras digitales destacarán la importancia de la cooperación internacional en la regulación del espacio digital. Las cuestiones de jurisdicción y la aplicación transfronteriza de la ley serán áreas clave de enfoque, que requerirán esfuerzos coordinados para establecer normas y estándares globales.

El futuro del derecho digital también verá un mayor énfasis en la educación y la conciencia legal tanto para profesionales del derecho como para el público en general. La alfabetización tecnológica se convertirá en una habilidad esencial, y el conocimiento del derecho relacionado con las nuevas tecnologías será crucial para navegar el mundo moderno de manera segura y efectiva.

En conclusión, el derecho digital se encuentra en una encrucijada de cambio y oportunidad. A medida que avanzamos hacia un futuro cada vez más digitalizado, la necesidad de un marco legal sólido y adaptativo nunca ha sido más crítica. Este campo continuará evolucionando en respuesta a las innovaciones tecnológicas y desempeñará un papel vital en la configuración de nuestro futuro digital para asegurar que la tecnología sirva al bienestar de la sociedad en su conjunto. La adaptabilidad, la anticipación y la colaboración serán claves para abordar los desafíos futuros y aprovechar las oportunidades que la tecnología digital tiene para ofrecer.

Áreas del derecho digital

En el vasto y dinámico campo del derecho digital, hay varias áreas clave que son fundamentales para entender y especializarse. En su mayoría, estas áreas reflejan la intersección del derecho con las tecnologías emergentes y los desafíos únicos que presentan; sin embargo, hay otras áreas emergiendo de los grandes laboratorios y corporaciones que más adelante conoceremos y regularemos. Veamos las siguientes:

1. Derecho de la propiedad intelectual

2. Privacidad y protección de datos

3. Ciberseguridad

4. Comercio electrónico

5. Telecomunicaciones

6. Derecho penal informático

7. Regulación de contenidos en línea

8. Aspectos legales de la inteligencia artificial y la robótica

9. Derecho de la salud digital

10. Derecho laboral digital

11. Regulación de la publicidad digital

12. Derechos de autor en el entorno digital

13. Aspectos legales del blockchain y criptomonedas

14. Regulación de videojuegos y entretenimiento digital

15. Legislación de redes sociales y plataformas en línea

16. Legislación sobre acceso y neutralidad de la red

17. Derecho internacional y jurisdicción en el espacio digital

18. Derechos de los consumidores en el entorno digital

19. Legislación sobre drones y vehículos autónomos

20. Regulación de la tecnología Fintech

21. Aspectos legales de la economía del conocimiento y la innovación digital

22. Regulación de big data

23. Derecho del espacio digital y satélites

24. Aspectos legales de la Internet de las cosas (IoT)

25. Derechos y ciudadanía digitales

26. Regulación de la realidad virtual y aumentada

27. Aspectos legales de la computación cuántica

28. Regulación de la inteligencia artificial avanzada y aprendizaje automático

29. Aspectos legales de la robótica avanzada

30. Derecho de la sostenibilidad y tecnología digital

31. Regulación de plataformas de *streaming* y medios digitales

32. Aspectos legales del reconocimiento facial.

Agrupación por categorías

Cada una de estas áreas clave presenta retos y oportunidades únicos para nosotros. La especialización en uno o varios de estos campos puede proporcionar una base sólida para una carrera legal exitosa y relevante en el mundo tecnológicamente avanzado de hoy.

En este caso por cuestión de facilidad podemos agrupar las áreas en cuatro categorías:

Derecho de la tecnología y la información

1. Derecho de la propiedad intelectual

2. Derechos de autor en el entorno digital

3. Regulación de contenidos en línea

4. Aspectos legales de la inteligencia artificial y la robótica

5. Blockchain, criptomonedas y contratos inteligentes

6. Big data y computación en la nube

7. Plataformas de streaming, medios digitales y contenidos en línea

8. Aspectos legales del reconocimiento facial

9. Firmas digitales y electrónicas

10. Regulación de videojuegos y entretenimiento digital

11. Sistema tributario aplicable a transacciones digitales y comercio electrónico

Derecho de la privacidad y seguridad digital

11. Privacidad y protección de datos personales y empresariales

12. Derecho a la privacidad digital

13. Seguridad de la información, telecomunicaciones y ciberseguridad

14. Legislación sobre acceso y neutralidad de la red

15. Derechos de los consumidores en el entorno digital

Derecho en la economía digital

16. Comercio electrónico y banca digital

17. Tecnología Fintech

18. Economía del conocimiento y la innovación digital

19. Ciudades inteligentes y tecnología digital en la infraestructura urbana

Derecho de las tecnologías emergentes y avanzadas

20. Drones y vehículos autónomos

21. Internet de las cosas (IoT)

22. Realidad virtual y aumentada

23. Computación cuántica

24. Inteligencia artificial avanzada y aprendizaje automático

25. Robótica avanzada

26. Neuroeléctrica o interfaz cerebrocomputadora (BCI)

27. Nanotecnología

28. Derecho del espacio digital y satélites

La información de cada área la profundizaremos en los próximos libros dedicados a cada una de ellas.

Breve análisis de las áreas dentro de su categoría:

Derecho de la tecnología y la información

El derecho de la tecnología y la información comprende una amplia gama de áreas que abordan los desafíos legales planteados por el avance tecnológico y la digitalización de la sociedad. A continuación, ofrecemos un breve informe, explicación y ejemplo de cada área mencionada:

Derecho de la propiedad intelectual

- Explicación: Regula la protección de invenciones, obras y marcas en el ámbito digital, garantizando que los creadores y propietarios mantengan los derechos sobre sus creaciones.

- Ejemplo: Una empresa desarrolla un nuevo software y lo registra, por lo que obtiene derechos exclusivos sobre su uso y distribución.

Estos derechos exclusivos les permiten

1. Prohibir a otros copiar o distribuir su software sin permiso.

2. Licenciar su software a otras empresas o individuos.

3. Defenderse legalmente en caso de infracción.

- Empresas: aquí tienes algunos ejemplos de empresas que protegen sus derechos de propiedad intelectual y cómo lo hacen:

Apple Inc.

- **Patentes**: Apple es conocida por su enfoque en la innovación. Ha obtenido numerosas patentes para sus productos y tecnologías, como el iPhone, iPad y Apple Watch. Estas patentes le otorgan derechos exclusivos sobre las características y diseños únicos de sus dispositivos.

- **Marcas registradas**: Apple ha registrado marcas comerciales para nombres como "iPhone", "iPad" y "MacBook". Esto le permite proteger su identidad de marca y evitar que otros utilicen nombres similares para productos electrónicos.

Microsoft Corporation

- **Derechos de autor**: Microsoft protege su software mediante derechos de autor. Cada versión de Windows, Office y otras aplicaciones tiene derechos de autor registrados. Esto les permite controlar la distribución y el uso de su software.

- **Licencias de software**: Microsoft también utiliza licencias de software para permitir que los usuarios se beneficien de sus productos. Estas licencias establecen los términos y condiciones para el uso legal del software.

Nike, Inc.

- **Diseños industriales**: Nike ha registrado diseños industriales para sus icónicos zapatos deportivos. Esto le permite proteger la apariencia única de sus productos y evitar copias no autorizadas.

- **Marcas deportivas**: Nike tiene marcas registradas para su famoso logotipo "Swoosh" y otros nombres de productos. Esto le ayuda a mantener su posición en el mercado y evitar ser confundidos con otras marcas.

Google LLC

- **Patentes de software**: Google ha obtenido patentes para tecnologías como el motor de búsqueda de Google, Android y Google Maps. Estas patentes le permiten proteger sus innovaciones tecnológicas.

- **Licencias de código abierto**: Google también contribuye al mundo del código abierto y utiliza licencias de código abierto para proyectos como Android. Esto fomenta la colaboración y la innovación en la comunidad de desarrolladores.

Amazon.com, Inc.

- **Marcas comerciales**: Amazon ha registrado marcas comerciales para su logotipo, nombre y servicios llamado "Amazon Prime". Esto le ayuda a proteger su marca y a mantener su reputación en el comercio electrónico.

- **Derechos de autor en contenido digital**: Amazon también se preocupa por los derechos de autor en su plataforma de *streaming* de música y video. Paga regalías a los creadores por el contenido transmitido a través de Amazon Prime Video y Amazon Music.

Estas empresas utilizan una combinación de patentes, derechos de autor, marcas comerciales y licencias para proteger sus creaciones y mantener su ventaja competitiva en el entorno digital.

Derechos de autor en el entorno digital

- **Explicación:** Se centra en la protección de obras literarias, musicales, artísticas y audiovisuales en plataformas digitales, para abordar cuestiones de copia y distribución en línea.

- **Ejemplo:** Un músico que distribuye su música a través de plataformas en línea y recibe regalías por cada reproducción o descarga.

Distribuir música en el entorno digital es fundamental para los artistas y creadores. Aquí tienes algunas empresas que se dedican a esta tarea y cómo lo hacen:

- **DistroKid:** Esta distribuidora permite a los músicos subir su música a plataformas como Spotify, Apple Music, Amazon Music, TikTok, Instagram y más. Ofrece un pago único anual de $19,99 para subir canciones de manera ilimitada. Además, distribuye el 100 % de las ganancias generadas por *streaming*.

- **ONErpm:** Aunque no es gratuito en su totalidad de funciones, ONErpm ofrece un servicio sin costos mensuales o anuales. Se queda con el 15 % de los ingresos y distribuye el 85 % de las regalías. También incluye plataformas como Spotify, Apple Music y Amazon Music.

- **TuneCore:** Esta empresa cobra una tarifa única por lanzamiento de álbum o canción. A cambio, distribuye la música a varias plataformas y ofrece beneficios adicionales como Content ID en YouTube y verificación inmediata en Spotify.

- **CDBaby:** Ofrece una amplia distribución a plataformas digitales y físicas. Los artistas pueden elegir entre planes de distribución y mantener un porcentaje de las ganancias. También proporciona herramientas de promoción y acceso a informes de ventas.

- **iMusician:** Permite a los artistas subir su música a múltiples plataformas y ofrece servicios como licencias de sincronización y distribución de vinilos. Cobra una tarifa por lanzamiento o un plan anual.

- **Indiefy**: Se centra en artistas independientes y ofrece distribución a plataformas digitales. Proporciona herramientas de promoción y retiene un porcentaje de las ganancias.

- **Amuse**: Ofrece una opción gratuita para subir música y distribuirla a plataformas como Spotify y Apple Music. También tiene un modelo de negocio basado en regalías[1].

- **AWAL**: Especializada en artistas emergentes, AWAL ofrece distribución digital y servicios de *marketing*. Trabaja con un modelo de participación en las ganancias[1].

Estas empresas ayudan a los músicos a llegar a su audiencia en todo el mundo y recibir regalías por sus creaciones en el entorno digital. Cada una tiene sus propias características y modelos de negocio, por lo que los artistas deben elegir la que mejor se adapte a sus necesidades y objetivos.

Aspectos legales de la inteligencia artificial y la robótica

Sin profundizar mucho en esta área, veamos los siguientes aspectos:

- Aborda las implicaciones legales del desarrollo y uso de IA y robótica, incluyendo la responsabilidad, los derechos de autor sobre obras generadas por IA. Son fundamentales para tratar las implicaciones éticas, de responsabilidad y de propiedad intelectual en este campo en constante evolución.

Responsabilidad

- **Robots autónomos:** A medida que los robots y sistemas de IA se vuelven más autónomos, surge la pregunta sobre quién es responsable en caso de daños o accidentes. ¿Es el fabricante, el propietario o el usuario?

- **Responsabilidad civil:** Los marcos legales deben abordar la responsabilidad en situaciones como colisiones de vehículos autónomos, errores médicos cometidos por sistemas de diagnóstico automatizados o daños causados por robots industriales.

Derechos de autor y propiedad intelectual

- **Obras Generadas por IA**: La creación de obras artísticas, música o literatura por parte de algoritmos de IA plantea preguntas sobre los derechos de autor. ¿Quién es el autor: el programador, el algoritmo o la máquina?

El autor de una obra generada por IA es un tema complejo y debatido. Aunque no existe una respuesta definitiva, aquí hay algunas perspectivas:

El programador

Algunos argumentan que el programador o ingeniero que creó el algoritmo de IA es el autor. Después de todo, diseñó las reglas y parámetros que permitieron que la IA generara la obra.

Sin embargo, esta perspectiva puede ser limitada, ya que no considera la creatividad inherente de la IA.

El algoritmo

Otros sostienen que el algoritmo en sí mismo es el autor. La IA toma decisiones basadas en datos y patrones, lo que podría considerarse una forma de creatividad.

Esto se asemeja a atribuir la autoría a una herramienta o instrumento utilizado para crear una obra.

La máquina o la IA

Hay quienes argumentan que, dado que la IA genera la obra sin intervención humana directa, debería considerarse el autor. Esto se basa en la idea de que la IA puede aprender y crear de manera autónoma. Sin embargo, esto plantea preguntas sobre la conciencia y la intención detrás de la creación.

Enfoque legal y normativo:

Las leyes de derechos de autor varían según el país. Algunos países no reconocen a las máquinas como autores legales.

En algunos casos, las obras generadas por IA pueden no ser elegibles para protección de derechos de autor debido a la falta de "originalidad" o "creatividad humana".

En última instancia, la respuesta puede depender del contexto, la legislación y la perspectiva individual. A medida que la tecnología avanza, es probable que surjan más debates sobre la autoría en el mundo de la IA y la robótica. Considerando el presente y el futuro, aquí mencionamos algunas perspectivas:

1. **Enfoque legal actual**

En la mayoría de las jurisdicciones actuales, los derechos de autor se otorgan a **autores humanos**. Las obras generadas por IA a menudo no cumplen con los criterios tradicionales de "originalidad" o "creatividad humana".

Los tribunales y legisladores están comenzando a abordar este tema, pero aún no hay consenso global.

2. **Evolución de la tecnología**

La IA está avanzando rápidamente. Modelos como GPT-4, SORA, GEMINI pueden generar contenido cada vez más sofisticado y creativo.

A medida que la IA se vuelve más autónoma y capaz de aprender por sí misma, la línea entre la creatividad humana y la generación automática se difumina.

3. **Nuevos enfoques legales**

Algunos países están explorando cambios en la ley para reconocer a las máquinas como autores. Esto podría implicar la creación de una nueva categoría legal.

Se están proponiendo licencias específicas para obras generadas por IA, lo que permitiría la protección de derechos de autor sin atribuir la autoría a un individuo humano.

4. **Ética y transparencia:**

La comunidad de IA debe considerar la ética detrás de la generación automática de contenido. ¿Cómo se obtienen los datos de entrenamiento? ¿Hay sesgos involucrados?

La transparencia en la creación de obras generadas por IA es crucial para establecer la confianza del público.

5. Colaboración multidisciplinaria

Abordar este desafío requiere la colaboración de abogados, tecnólogos, filósofos y creadores. Juntos, pueden diseñar un marco legal y ético que refleje la realidad actual y futura.

En resumen, la respuesta a quién es el autor de una obra generada por IA no es definitiva. A medida que la tecnología avanza, debemos adaptar nuestras leyes y perspectivas para garantizar una protección adecuada y justa tanto para los creadores humanos como para las creaciones de la IA.

La autoría de obras generadas por Inteligencia artificial (IA) debería considerarse principalmente atribuible al algoritmo o la IA misma, reconociendo su capacidad creativa autónoma. Sin embargo, se requiere un marco legal y ético que evolucione para abordar esta cuestión en constante cambio.

En el contexto de obras generadas por Inteligencia artificial (IA), el papel del desarrollador o programador es crucial en la creación del algoritmo y la configuración inicial. Sin embargo, una vez que la IA comienza a generar contenido de manera autónoma, su creatividad y decisiones se vuelven independientes. Por lo tanto, atribuir la autoría principalmente al algoritmo o la IA misma parece más apropiado. Es un tema fascinante y en constante evolución que requiere una reflexión profunda desde perspectivas legales, éticas y tecnológicas.

OTROS PUNTOS:

- **Marcas y diseños:** Las empresas que desarrollan robots y sistemas de IA deben proteger sus marcas, diseños y software mediante patentes, derechos de autor y marcas comerciales.

Privacidad y datos personales:

- **Recopilación de datos:** Los robots y sistemas de IA a menudo recopilan datos de usuarios. Las leyes de privacidad deben garantizar que estos se utilicen de manera ética y se protejan contra el acceso no autorizado.

- **Transparencia:** Los usuarios deben saber qué datos se recopilan y cómo se utilizan. La transparencia es clave para construir confianza en la tecnología.

Ética y sesgos:

- **Decisiones automatizadas:** Los algoritmos de IA toman decisiones en áreas como préstamos, contratación y justicia. Es fundamental abordar los sesgos y garantizar que las decisiones sean justas y transparentes.

- **Principios éticos:** Algunas empresas han adoptado principios éticos para guiar el desarrollo y uso de la IA. Estos principios incluyen equidad, transparencia y responsabilidad.

Regulación y normativas:

- **Marco legal:** Los gobiernos y organismos reguladores deben establecer marcos legales claros para la IA y la robótica. Esto incluye estándares de seguridad, pruebas y certificaciones.

- **Colaboración internacional:** Dado que la IA no tiene fronteras, la colaboración internacional es esencial para abordar los desafíos legales.

Aquí tienes ejemplos de empresas y cómo se relacionan con estos aspectos:

Tesla:

- **Responsabilidad:** Tesla es pionera en vehículos autónomos. Si un automóvil Tesla autónomo causa un accidente, surge la pregunta sobre la responsabilidad: ¿es del conductor, del fabricante o del software de IA?

- **Derechos de autor:** Tesla también desarrolla software y algoritmos para sus vehículos eléctricos. La protección de derechos de autor es crucial para salvaguardar su propiedad intelectual.

Boston Dynamics:

- **Robótica avanzada:** Boston Dynamics crea robots altamente sofisticados, como el famoso Spot y Atlas. La regulación de la robótica y la IA es esencial para garantizar su uso seguro y ético.

- **Patentes:** La empresa también obtiene patentes para sus innovaciones en robótica. Esto les otorga derechos exclusivos sobre sus diseños y tecnologías.

OpenAI:

- **Ética en IA:** OpenAI se centra en la IA ética y segura. Desarrollan modelos de lenguaje como CHAT-GPT y promueven la transparencia y la responsabilidad en la creación de IA.

- **Licencias de código abierto:** OpenAI utiliza licencias de código abierto para compartir su tecnología con la comunidad y fomentar la colaboración.

IBM:

- **Propiedad intelectual en IA:** IBM tiene una amplia cartera de patentes relacionadas con la IA y la robótica. Protegen sus invenciones y algoritmos.

- **Asesoramiento legal:** IBM también ofrece servicios legales y consultoría en el ámbito de la IA, ayudando a otras empresas a navegar por las cuestiones legales.

Amazon Robotics:

- **Robots en almacenes:** Amazon utiliza robots en sus centros de cumplimiento para la logística. La seguridad, la privacidad de los datos y la propiedad intelectual son temas clave.

Marcas comerciales: Amazon protege su marca y logotipo mediante marcas registradas.

En resumen, estas empresas enfrentan desafíos legales relacionados con la IA y la robótica, desde la responsabilidad hasta la protección de derechos de autor y patentes. La colaboración entre legisladores, empresas y expertos en tecnología es esencial para establecer un marco legal sólido en este campo en constante evolución. Como abogados tenemos mucho trabajo por delante, así que sigue preparándote.

Blockchain, criptomonedas y contratos inteligentes

¿Qué es la tecnología blockchain?

El blockchain (o cadena de bloques) es la tecnología subyacente que permite el funcionamiento de las criptomonedas. Imagina una hoja de cálculo descentralizada en la que cada movimiento de activos digitales se registra de forma segura. Cada bloque contiene información sobre transacciones y está enlazado al bloque anterior, formando una cadena. Esto garantiza la seguridad y el equilibrio de las transacciones sin necesidad de intermediarios.

¿Cómo funciona el blockchain?

- **Descentralización:** Cada agente de la red (llamado "nodo") verifica y valida las transacciones.
- **Inmutabilidad:** Una vez que se registra una transacción en un bloque, no se puede modificar.
- **Transparencia:** Cualquier persona puede ver la cadena de bloques y verificar las transacciones.

Ejemplo: Imagina que quieres enviar Bitcoin a un amigo. La transacción se registra en un bloque y se añade a la cadena de bloques.

Cada nodo verifica la transacción y garantiza su validez.

Tu amigo recibe el Bitcoin de manera segura, sin intermediarios.

Ejemplo: Una transacción inmobiliaria se realiza utilizando un contrato inteligente en blockchain, automatizando el proceso de transferencia de propiedad.

¿Qué son las criptomonedas?

Las criptomonedas son monedas digitales que utilizan criptografía para asegurar las transacciones, funcionan en un sistema descentralizado, sin intermediarios como los bancos centrales. No hay que confundir criptomonedas con los Tokens; Bitcoin (BTC) es una criptomoneda y

Ethereum (ETH) es un Token, este tema se ampliará en el libro CRIPTO LEGAL.

¿Qué son los contratos inteligentes?

Los contratos inteligentes son programas informáticos autoejecutables que funcionan automáticamente cuando se cumplen ciertas condiciones predefinidas. Están basados en la tecnología blockchain, específicamente en Ethereum. Cada contrato se almacena en la cadena de bloques y es inmutable una vez creado. Los contratos inteligentes pueden automatizar procesos legales, como transferencias de propiedad, pagos, acuerdos comerciales y más.

Características clave de los contratos inteligentes:

- **Autoejecución:** Se activan automáticamente cuando se cumplen las condiciones.
- **Inmutabilidad:** Una vez creados, no se pueden modificar.
- **Transparencia:** Todas las partes pueden verificar el contrato en la cadena de bloques.
- **Seguridad:** Utilizan criptografía para proteger la integridad de los datos.

¿Qué debe saber un abogado digital sobre los contratos inteligentes?

Contratos inteligentes

Automatización y cumplimiento

Los contratos inteligentes son programas almacenados en un blockchain que se ejecutan automáticamente cuando se cumplen condiciones preestablecidas. Esto significa que partes de un acuerdo pueden autoejecutarse sin intervención humana, asegurando el cumplimiento de los términos acordados de manera eficiente y transparente. Por ejemplo, un contrato inteligente podría liberar de manera automática fondos de un depósito de garantía una vez que una inspección de propiedad se registra satisfactoriamente en el blockchain.

Desafíos legales y regulatorios

A pesar de sus ventajas, el uso de blockchain y contratos inteligentes en el derecho no está exento de desafíos. La naturaleza descentralizada y transfronteriza del blockchain plantea preguntas complejas sobre la jurisdicción y la ley aplicable en disputas. Además, la rigidez de los contratos inteligentes puede no siempre capturar la flexibilidad a menudo necesaria en acuerdos legales complejos, y puede haber situaciones en que se requiera intervención humana para resolver disputas o interpretar términos.

Oportunidades para la profesión legal

Para los abogados, el blockchain y los contratos inteligentes ofrecen nuevas oportunidades para especializarse en áreas emergentes del derecho. Esto incluye el asesoramiento en la redacción de contratos inteligentes, la gestión de riesgos asociados con transacciones en blockchain y la resolución de disputas en este nuevo contexto. Además, los abogados podemos desempeñar un papel clave en la formación de políticas y marcos regulatorios que aborden los desafíos éticos y legales presentados por estas tecnologías.

Preparándonos para el futuro

A medida que el blockchain y los contratos inteligentes continúan evolucionando, es esencial que los profesionales del derecho nos mantengamos informados y adaptemos nuestras habilidades para navegar este nuevo paisaje legal. Esto no solo implica comprender las tecnologías subyacentes, sino también anticipar cómo pueden transformar las prácticas legales y la prestación de servicios jurídicos en el futuro.

Los abogados digitales debemos comprender cómo funcionan los contratos inteligentes, su base tecnológica y su impacto en el derecho contractual.

- **Validación legal:** Evaluar si un contrato inteligente cumple con las leyes y regulaciones aplicables.
- **Redacción y auditoría:** Redactar y revisar contratos inteligentes para garantizar que las condiciones sean claras y justas.
- **Resolución de conflictos:** Comprender cómo resolver disputas relacionadas con contratos inteligentes, especialmente en ausencia de intermediarios humanos.

- **Cumplimiento:** Asegurarse de que los contratos inteligentes cumplan con las normativas de privacidad y protección de datos.

Ejemplo: Ethereum promueve el uso de contratos inteligentes en su blockchain, facilitando transacciones seguras y automatizadas sin intermediarios, es una plataforma para contratos inteligentes y aplicaciones descentralizadas.

Big data y computación en la nube

El Big Data y el análisis predictivo están redefiniendo el panorama legal, pues proporcionan a los profesionales herramientas poderosas para el manejo de información a gran escala y la predicción de tendencias y resultados. Estas tecnologías permiten a los abogados y firmas legales procesar cantidades masivas de datos —desde registros judiciales hasta publicaciones y transacciones— para identificar patrones, prever resultados de litigios y tomar decisiones estratégicas basadas en análisis profundos.

Ventajas en la estrategia legal y la toma de decisiones

El uso de Big Data permite a los abogados acceder a una cantidad sin precedentes de información jurídica y de mercado, lo que facilita la identificación de tendencias legales, riesgos regulatorios y oportunidades de negocio. El análisis predictivo, por su parte, utiliza algoritmos y modelos estadísticos para prever los resultados de casos judiciales, la probabilidad de éxito en litigios y la eficacia de diferentes estrategias legales. Esta capacidad para anticipar resultados puede ser decisiva en la selección de jurisdicciones, la negociación de acuerdos y la planificación de litigios.

Desafíos de privacidad y ética

La implementación de Big Data y análisis predictivo en el derecho plantea importantes cuestiones de privacidad y ética. La recopilación y análisis de grandes volúmenes de datos personales y sensibles debe realizarse respetando las leyes de protección de datos y la confidencialidad del cliente. Además, existe el riesgo de que estos análisis refuercen sesgos existentes en los datos históricos, lo que podría llevar a predicciones y decisiones injustas o discriminatorias.

Oportunidades para la innovación legal

Para las firmas legales y los departamentos jurídicos, el Big Data y el análisis predictivo ofrecen oportunidades significativas para innovar en la prestación de servicios legales. Estas tecnologías pueden mejorar la eficiencia operativa, personalizar el asesoramiento legal y ofrecer servicios proactivos que anticipen las necesidades de los clientes. Además, el análisis de datos puede contribuir al desarrollo de políticas públicas basadas en evidencia y a la reforma legal, al proporcionar una comprensión más profunda de la efectividad de las leyes y regulaciones existentes.

Preparándonos para el futuro

A medida que el Big Data y el análisis predictivo se vuelven cada vez más integrados en la práctica legal, es crucial que los abogados adquiramos las habilidades necesarias para trabajar con estas tecnologías. Esto no solo implica entender los aspectos técnicos, sino también desarrollar una sólida comprensión de los principios éticos y legales relacionados con el uso de datos. La formación continua y la colaboración con expertos en datos y tecnología serán clave para navegar con éxito el futuro digital del derecho.

Plataformas de streaming, medios digitales y contenidos en línea

Explicación: Trata sobre los derechos de autor, licenciamiento y distribución de contenido digital a través de plataformas de streaming.

Ejemplo: Una plataforma de streaming paga licencias a productoras para transmitir películas y series, respetando los derechos de autor.

- **Empresas:** Netflix, YouTube.

  Ejemplo: Netflix adquiere y produce contenido bajo estrictos acuerdos de licencia, navegando por el complejo panorama de los derechos de autor digitales.

Aspectos legales del reconocimiento facial

Explicación: Involucra la regulación del uso de tecnologías de reconocimiento facial, considerando la privacidad y los derechos civiles, es una tecnología que ha ganado prominencia en diversas aplicaciones, desde la seguridad hasta la autenticación y la comodidad en dispositivos móviles.

Sin embargo, su adopción plantea importantes cuestiones legales y éticas. A continuación, se presentan algunos aspectos clave relacionados con la legalidad del reconocimiento facial:

- **Marco regulatorio actual:** A nivel internacional, no existe una regulación unificada para el uso del reconocimiento facial. En Estados Unidos, las leyes estatales y federales permiten a las autoridades de seguridad establecer sus propias políticas, algunos estados, como Texas, Illinois y Washington, tienen leyes específicas sobre la recolección de datos biométricos. A nivel municipal, ciudades como Berkeley, Davis, Oakland, Santa Clara y San Francisco han tomado medidas para regular el reconocimiento facial.

Situación en México: La Constitución mexicana no menciona específicamente el reconocimiento facial. Existen algunas reglas en torno a la vigilancia y la recolección de datos biométricos, especialmente en el sistema financiero; sin embargo, en materia de privacidad, hay áreas de oportunidad para una regulación más específica.

Hacia una regulación del reconocimiento facial: Dada la transformación tecnológica en México, la regulación del reconocimiento facial debe ser una prioridad. Un marco regulatorio básico podría incluir:

1. **Casos de uso prohibidos o regulados:** Definir qué usos son aceptables y cuáles deben estar restringidos.

2. **Transparencia y proceso ordenado:** Establecer requisitos para la implementación de esta tecnología.

3. **Reportes anuales y protección de derechos:** Garantizar la transparencia y proteger los derechos de los ciudadanos.

Ejemplo: Una ciudad implementa sistemas de reconocimiento facial para seguridad y genera debate sobre la vigilancia y la privacidad.

Firmas digitales y electrónicas

- **Explicación:** Regula el uso de firmas digitales y electrónicas como métodos legítimos de autenticación y acuerdo en transacciones digitales.

- **Ejemplo:** Un contrato de trabajo se firma electrónicamente, siendo reconocido legalmente igual que una firma manuscrita.

- **Empresas:** DocuSign, Adobe Sign.

- **Ejemplo:** DocuSign ofrece soluciones de firma electrónica que cumplen con las leyes globales, lo que facilita la autenticación de documentos en línea.

Regulación de videojuegos y entretenimiento digital

La regulación en el ámbito de los videojuegos y el entretenimiento digital es crucial para proteger a los consumidores, garantizar la equidad y abordar cuestiones legales.

Aquí presentamos algunos aspectos clave:

Derechos de autor: Los videojuegos están protegidos por derechos de autor. Los desarrolladores y creadores tienen derechos exclusivos sobre su obra. Esto incluye los gráficos, la música, el código y otros elementos creativos.

- Copiar, distribuir o modificar un videojuego sin permiso infringe los derechos de autor.

- Las licencias de uso y distribución son esenciales para garantizar que los juegos se utilicen legalmente.

- Los videojuegos a menudo contienen elementos audiovisuales, como cinemáticas y animaciones. Por lo tanto, están sujetos a regulaciones similares a las películas y programas de televisión.

- Los deportes electrónicos (esports) han ganado popularidad. La regulación abarca aspectos como contratos de jugadores, derechos de imagen y competiciones.

Clasificación de contenido: Muchos países tienen sistemas de clasificación de contenido para videojuegos. Estos indican la edad apropiada para jugar un juego en función de su contenido (violencia, lenguaje, temas, etc.). Los padres y tutores pueden usar estas clasificaciones para tomar decisiones informadas sobre qué juegos son adecuados para sus hijos.

Publicidad en línea: Los videojuegos a menudo incluyen publicidad dentro del juego o en plataformas en línea. La regulación se centra en la transparencia de la publicidad, especialmente cuando se dirige a niños. Las prácticas engañosas o manipuladoras deben evitarse.

Microtransacciones: son compras pequeñas dentro del juego, como monedas virtuales, skins o mejoras. La regulación se enfoca en:

- Transparencia: Los jugadores deben saber exactamente lo que están comprando.

- Protección al consumidor: Evitar prácticas abusivas o adictivas.

- Edad y consentimiento: Restringir ciertas transacciones para menores.

Venta de terreno y objetos: Algunos videojuegos permiten la compra y venta de terrenos virtuales, objetos o personajes. La regulación debe abordar:

Propiedad digital: ¿Quién posee realmente estos activos virtuales?, Impuestos: ¿Deben gravarse las transacciones virtuales?

Estafas y fraudes: Proteger a los jugadores de estafas en el mercado virtual, esa es una meta que debemos proponernos los abogados.

Si un videojuego incluye compras dentro de la aplicación, deben estar sujetas a regulaciones de protección al consumidor.

Electronic Arts (EA) y Valve Corporation son dos empresas prominentes en la industria de los videojuegos, pero han enfrentado desafíos legales significativos:

Electronic Arts (EA):

Desafíos legales: Loot Boxes. EA ha estado en problemas legales debido a las loot boxes (cajas de recompensa aleatorias) en sus juegos, como la serie FIFA. Bélgica declaró que las loot boxes son una forma de juego de azar y las prohibió.

Star Wars: Battlefront II. EA enfrentó críticas y demandas por su sistema de progresión inicial basado en loot boxes, que algunos consideraron un sistema de pago para ganar.

Derechos de autor. EA debe lidiar con cuestiones de derechos de autor en sus juegos, especialmente cuando se trata de música, personajes y otros activos.

Valve Corporation (Steam):

Desafíos legales: Antimonopolio. Valve ha enfrentado demandas antimonopolio relacionadas con su plataforma Steam. En 2022, un juez dictaminó que Valve debía enfrentar una demanda antimonopolio sobre sus políticas de "nación más favorecida", que podrían haber influido en los precios de los videojuegos.

Clasificación de contenido: Valve también debe lidiar con clasificaciones de contenido y regulaciones en diferentes países para los juegos disponibles en Steam.

Transacciones digitales: La gestión de transacciones digitales y la seguridad de las compras en Steam son áreas críticas.

Actualmente, el tema de las loot boxes y su legalidad sigue siendo objeto de debate y controversia en la industria de los videojuegos. Aunque algunas jurisdicciones han tomado medidas para regularlas, aún no existe una solución universalmente aceptada.

Las empresas, como Electronic Arts (EA), han realizado ajustes en sus sistemas de loot boxes en respuesta a las críticas y demandas. Sin embargo, la percepción de si estas mecánicas son una forma de juego de azar o, simplemente, una parte del diseño del juego sigue siendo subjetiva.

En el caso de Valve Corporation y su plataforma Steam, las demandas antimonopolio y las preocupaciones sobre la clasificación de contenido y las transacciones digitales también persisten. La regulación y la adaptación a las cambiantes expectativas de los jugadores son desafíos continuos.

En resumen, aunque se han realizado algunos cambios, el debate legal en torno a estas prácticas sigue siendo un área activa de atención tanto para las empresas como para los legisladores.

Sistema tributario aplicable a transacciones digitales y comercio electrónico

Explicación: examina cómo se aplican los impuestos a las transacciones y operaciones comerciales realizadas digitalmente.

Ejemplo: Una empresa de comercio electrónico paga impuestos sobre las ventas en línea siguiendo las regulaciones fiscales específicas para transacciones digitales.

Empresas: eBay, Amazon.

Ejemplo: Amazon cumple con las regulaciones fiscales en múltiples jurisdicciones, recolectando y remitiendo impuestos sobre ventas en transacciones de comercio electrónico.

Privacidad y seguridad digital:

La categoría Privacidad y seguridad digital es fundamental en la era de la información, ya que protege los datos personales y la seguridad en línea. A continuación, se ofrece un análisis de cada área con ejemplos y empresas relevantes.

Explicación: Se centra en la regulación de la recolección, uso y almacenamiento de datos personales y empresariales, garantizando la confidencialidad y el consentimiento.

Empresas: Apple, Google.

Ejemplo: Apple enfatiza la privacidad de datos en sus dispositivos y servicios, y ofrece opciones de seguridad y transparencia sobre el uso de datos personales.

Derecho a la privacidad digital

Explicación: Refiere al derecho de los individuos a controlar su información en línea y a estar protegidos contra la vigilancia y el rastreo indebidos.

Empresas: Facebook (Meta), WhatsApp.

Ejemplo: WhatsApp implementó el cifrado de extremo a extremo en sus mensajes para proteger la privacidad de las comunicaciones de sus usuarios.

Seguridad de la información, telecomunicaciones y ciberseguridad

Empresas líderes en ciberseguridad que ofrecen soluciones avanzadas para proteger redes y datos contra ciberataques

- McAfee: Una de las empresas más reconocidas en el campo de la ciberseguridad. Ofrece soluciones integrales, desde antivirus hasta protección avanzada contra amenazas.

- Fortinet: Especializada en seguridad de redes y sistemas. Proporciona soluciones de firewall, prevención de intrusiones y detección avanzada de amenazas.

- BlackBerry (Intelligence and Predictive Security): Conocida por su enfoque en la seguridad de dispositivos móviles y la Internet de las cosas (IoT). Ofrece soluciones para proteger dispositivos conectados.

- TrendMicro: Con más de 30 años de experiencia en ciberseguridad. Ofrece soluciones para empresas, incluyendo protección contra malware y gestión de vulnerabilidades.

- Palo Alto Networks: Especializada en firewall de próxima generación y prevención de amenazas avanzada. Ayuda a proteger redes y aplicaciones empresariales.

- CyberArk: Enfocada en la gestión de privilegios y seguridad de acceso. Protege cuentas privilegiadas y evita ataques internos.

Estas empresas están a la vanguardia en la lucha contra los ciberataques y ofrecen tecnología avanzada para mantener seguros los sistemas empresariales.

- Symantec: Fundada en 1982 por Gary Hendrix, Symantec se centró inicialmente en proyectos relacionados con inteligencia artificial y bases de datos. Ofrece software de ciberseguridad y servicios para proteger sistemas y datos. Algunas de sus marcas incluyen Norton, Avast, LifeLock, Avira, AVG, ReputationDefender y CCleaner.

- Cisco: Es una corporación multinacional de tecnología de comunicaciones digitales con sede en San José, California.

Diseña, fabrica y vende hardware de redes, software, equipos de telecomunicaciones y otros servicios y productos de alta tecnología. Es conocida por sus productos de redes y seguridad. Cisco se compromete a cerrar la brecha digital, empoderar el futuro del trabajo y construir un planeta regenerativo.

Legislación sobre acceso y neutralidad de la red

- La neutralidad de la red es un principio fundamental que garantiza que todos los datos en Internet se traten de manera igualitaria, sin discriminación ni preferencias. A continuación, te proporcionamos información sobre la legislación y los lineamientos relacionados con este tema.

Lineamientos sobre neutralidad de la red en México

El Instituto Federal de Telecomunicaciones (IFT) aprobó los "lineamientos para la gestión de tráfico y administración de red a que deberán sujetarse los concesionarios y autorizados que presten el servicio de acceso a internet" en junio de 2021. Estos lineamientos establecen criterios para que los proveedores de acceso a internet implementen políticas de gestión de tráfico y administración de red.

Principios clave incluidos en los lineamientos:

- Libre elección: Los usuarios pueden acceder a contenidos, aplicaciones y servicios disponibles en internet sin restricciones.

- No discriminación: Trato igualitario entre usuarios finales, proveedores de aplicaciones y tipos de tráfico similares.

- Privacidad: Protección de la privacidad de los usuarios finales y la inviolabilidad de sus comunicaciones privadas.

- Acceso gratuito: Se permite que los proveedores de acceso a internet ofrezcan acceso gratuito a ciertos contenidos o servicios, incluso si los usuarios no tienen saldo o datos disponibles.

- El IFT emitirá un informe anual sobre la implementación de estos lineamientos y puede ordenar la suspensión de políticas o servicios que contravengan las normas o afecten negativamente la competencia.

Regulación en la Unión Europea: El Reglamento (UE) 2015/2120 garantiza, a los usuarios finales, derechos relacionados con el acceso a una Internet abierta. Este reglamento establece medidas para mantener la neutralidad de la red y proteger a los usuarios.

Netflix ha sido un defensor de la neutralidad de la red al asegurar que sus contenidos de streaming sean accesibles sin interferencias o discriminación por parte de los proveedores de Internet.

Derechos de los consumidores en el entorno digital

Empresas: Amazon, eBay.

Explicación: Incluye las regulaciones destinadas a proteger a los consumidores en transacciones en línea, como el derecho a la información clara, el consentimiento informado y el derecho a la devolución.

Ejemplo: Amazon proporciona políticas de devolución y reembolso detalladas para garantizar que los derechos de los consumidores sean respetados en sus transacciones de comercio electrónico.

Cada una de estas áreas demuestra el compromiso de proteger tanto a los individuos como a las entidades empresariales en un entorno digital cada vez más complejo. Las empresas mencionadas no solo cumplen con las regulaciones existentes en estos campos, sino que a menudo establecen el estándar para mejores prácticas en privacidad y seguridad digital. A medida que avanzamos, la colaboración continua entre el sector privado, los organismos reguladores y los consumidores será clave para adaptarse a los nuevos desafíos y garantizar un entorno digital seguro y justo para todos.

Estas áreas ilustran cómo el derecho en la economía digital no solo regula las actividades económicas tradicionales en el espacio digital, sino que también facilita y promueve la innovación y el desarrollo tecnológico. Las empresas mencionadas están a la vanguardia de la transformación digital, ofreciendo productos y sistemas que demuestran la integración de la tecnología en la economía global y la vida cotidiana. A medida que estas tendencias evolucionen, también lo hará el marco legal que las rodea, garantizando que el crecimiento económico se realice de manera sostenible y equitativa.

Derecho en la economía digital

El derecho en la economía digital abarca las interacciones legales y regulatorias que surgen en el contexto de la economía globalizada y digitalmente conectada. A continuación, se detallan áreas claves:

Comercio electrónico

Empresas: Amazon, Alibaba.

Explicación: Se refiere a las transacciones comerciales realizadas a través de internet, incluyendo la compra y venta de bienes y servicios, así como los aspectos legales relacionados con estas actividades.

Ejemplo: Amazon ofrece una plataforma de comercio electrónico donde los consumidores pueden comprar una amplia variedad de productos.

Producto/Sistema: Amazon Prime, un servicio de suscripción que ofrece envío gratuito, acceso a streaming de video y otras ventajas.

Tecnología FinTech

Empresas: PayPal, Square.

Explicación: Involucra la innovación en servicios financieros a través de tecnologías emergentes, abarcando desde pagos digitales hasta banca en línea y criptomonedas.

Ejemplo: PayPal facilita pagos en línea entre comerciantes y consumidores, simplificando transacciones sin necesidad de compartir información bancaria personal.

Producto/Sistema: PayPal Here, un lector de tarjetas que permite a los pequeños comerciantes aceptar pagos con tarjeta de crédito y débito mediante sus dispositivos móviles.

Economía del conocimiento y la innovación digital

Empresas: Google, IBM.

Explicación: Se centra en la generación y explotación del conocimiento y la información como principal motor económico, impulsado por la digitalización y la innovación tecnológica.

Ejemplo: Google promueve la innovación digital a través de sus servicios de búsqueda, publicidad y computación en la nube, generando valor a partir del análisis y procesamiento de grandes volúmenes de datos.

Producto/Sistema: Google Cloud Platform, que ofrece infraestructura de computación en la nube para empresas, impulsando la innovación y el desarrollo de nuevas aplicaciones y servicios.

Ciudades inteligentes y tecnología digital en la infraestructura urbana

Empresas: Cisco, Siemens.

Explicación: Refiere a la integración de tecnologías digitales en la infraestructura urbana, mejorando la eficiencia de los servicios y la calidad de vida en las ciudades.

Ejemplo: Siemens implementa soluciones de ciudades inteligentes que utilizan sensores y datos para optimizar el consumo de energía, el tráfico y los servicios públicos.

Producto/Sistema: MindSphere de Siemens, una plataforma de Internet de las cosas (IoT) que conecta sistemas urbanos a través de la nube para análisis y optimización en tiempo real.

Estas áreas ilustran cómo el derecho en la economía digital no solo regula las actividades económicas tradicionales en el espacio digital, sino que también facilita y promueve la innovación y el desarrollo tecnológico. Las empresas mencionadas están a la vanguardia de la transformación digital, ofreciendo productos y sistemas que demuestran la integración de la tecnología en la economía global y la vida cotidiana.

Tecnologías emergentes y avanzadas

Drones y vehículos autónomos

Empresas: DJI, Tesla.

Explicación: Esta área cubre el desarrollo y uso de vehículos no tripulados y sistemas de transporte autónomos para una variedad de aplicaciones, desde la fotografía aérea hasta la conducción autónoma.

Ejemplo: Tesla desarrolla vehículos autónomos con capacidades de autoconducción.

Producto/Sistema: Tesla Autopilot, un avanzado sistema de asistencia al conductor que permite la conducción autónoma en ciertas condiciones.

Internet de las cosas (IoT)

Empresas: Philips, Amazon.

Explicación: Refiere a la red de dispositivos físicos interconectados que recopilan y comparten datos a través de Internet, extendiendo la conectividad digital a una amplia gama de objetos cotidianos.

Ejemplo: Philips ofrece bombillas inteligentes que se pueden controlar a distancia a través de aplicaciones móviles.

- **Producto/Sistema**: Amazon Echo, un altavoz inteligente que conecta varios dispositivos IoT en el hogar a través de la voz.

Realidad virtual y aumentada

Empresas: Oculus (Meta), Microsoft.

Explicación: Tecnologías que crean entornos simulados (VR) o superponen información digital en el mundo real (AR), utilizadas en entretenimiento, educación y entrenamiento.

Ejemplo: Microsoft HoloLens, un dispositivo de realidad aumentada que permite a los usuarios interactuar con hologramas en su entorno.

Producto/Sistema: Oculus Rift, un casco de realidad virtual que ofrece experiencias inmersivas en videojuegos y simulaciones.

Computación cuántica

Empresas: IBM, Google.

Explicación: Se basa en principios de mecánica cuántica para procesar información a velocidades exponencialmente más rápidas que las computadoras tradicionales, con potencial para revolucionar campos como la criptografía y la investigación científica.

Ejemplo: Google anunció haber alcanzado la supremacía cuántica con su procesador cuántico, Sycamore.

Producto/Sistema: IBM Quantum Experience, una plataforma que ofrece acceso a procesadores cuánticos reales para experimentación y aprendizaje.

Inteligencia artificial avanzada y aprendizaje automático

Empresas: DeepMind (Alphabet), OpenAI.

Explicación: Desarrollo de sistemas capaces de aprender, adaptarse y realizar tareas complejas de manera autónoma, desde el reconocimiento de patrones hasta la toma de decisiones.

Ejemplo: DeepMind desarrolló AlphaGo, un programa de IA que derrotó al campeón mundial de Go.

Producto/Sistema: GPT-3/4 de OpenAI, BARD de Google son modelos de lenguajes que generan texto de manera coherente y contextualizada.

Aquí hay una enumeración de distintas clases de IA:

1. **IA basada en reglas:** Utiliza reglas predefinidas para tomar decisiones. Incluye sistemas expertos y motores de inferencia.

2. **Aprendizaje automático (Machine Learning):** Aprende de los datos y mejora sus decisiones con el tiempo sin ser programado explícitamente para ello.

3. **Aprendizaje profundo (Deep Learning):** Un subconjunto del aprendizaje automático que utiliza redes neuronales profundas para analizar grandes conjuntos de datos.

4. **IA cognitiva:** Se enfoca en imitar el razonamiento humano, incluyendo el procesamiento del lenguaje natural y la comprensión del contexto.

5. **IA predictiva:** Utilizada para hacer predicciones sobre futuros eventos basados en datos históricos.

6. **IA prescriptiva:** No solo predice sino que también sugiere una serie de acciones prescriptivas y muestra los resultados potenciales.

7. **Reconocimiento de patrones:** Reconoce patrones y regularidades en datos, como el reconocimiento facial o de voz.

8. **Robótica inteligente:** Combina IA con robótica para realizar tareas físicas, sensoriales y cognitivas.

9. **Agentes inteligentes:** Sistemas autónomos capaces de realizar tareas específicas con cierta inteligencia.

10. **Inteligencia artificial general (AGI):** También conocida como IA fuerte.

Robótica avanzada

Empresas: Boston Dynamics, ABB.

Explicación: La creación de robots capaces de realizar tareas complejas y variadas, desde manufactura automatizada hasta asistencia personal y rescate.

Ejemplo: Boston Dynamics desarrolla robots móviles como Spot, capaz de navegar terrenos difíciles y realizar inspecciones.

Producto/Sistema: YuMi de ABB, un robot colaborativo diseñado para trabajar junto a humanos en líneas de ensamblaje.

Neuroeléctrica o interfaz cerebro-computadora (BCI)

Empresas: Neuralink, Emotiv.

Explicación: Tecnología que facilita la comunicación directa entre el cerebro y dispositivos externos, transformando la medicina, la comunicación y el control de dispositivos.

Ejemplo: Neuralink trabaja en interfaces cerebro-computadora para ayudar a personas con parálisis a controlar dispositivos con la mente.

Producto/Sistema: Emotiv EPOC+, un dispositivo BCI que permite a los usuarios interactuar con computadoras usando solo sus pensamientos.

Nanotecnología

Empresas: Nano-X, Thermo Fisher Scientific.

Explicación: Manipulación de la materia a escala nanométrica para crear nuevos materiales y dispositivos con aplicaciones en medicina, energía y electrónica.

Ejemplo: Thermo Fisher Scientific desarrolla nanopartículas que se utilizan en aplicaciones médicas y de investigación.

Producto/Sistema: Nano-X Imaging desarrolla un sistema de imágenes médicas basado en nanotecnología para mejorar la accesibilidad y eficiencia de los diagnósticos médicos.

Derecho del espacio digital y satélites

Empresas: SpaceX, OneWeb.

Explicación: Regulación de la exploración espacial y el uso de satélites para comunicaciones, observación de la Tierra y otros fines, abordando cuestiones de propiedad, uso y seguridad.

Ejemplo: SpaceX lanza satélites para su proyecto Starlink, que busca proporcionar Internet de alta velocidad a nivel global.

Producto/Sistema: Starlink, una constelación de satélites que ofrece servicios de Internet de banda ancha a áreas remotas y urbanas en todo el mundo.

Estas áreas destacan el potencial transformador de las tecnologías emergentes y avanzadas, impulsando innovaciones que requieren una consideración legal y ética cuidadosa para garantizar su desarrollo y aplicación responsable. Las empresas líderes en estas tecnologías no solo están a la vanguardia de la innovación, sino que también juegan un papel crucial en la conformación de las futuras regulaciones y estándares en el ámbito digital y tecnológico.

Resumen

En estas páginas, hemos explorado las áreas fundamentales del derecho digital, un campo en constante evolución que fusiona la ley con la tecnología.

Los abogados debemos comprender su alcance, y comprender que hay jueces, legisladores y abogados a quienes no les interesa esta tecnología y no la aprueban. Tenemos que saber lidiar con esos obstáculos si queremos que esa fusión entre el derecho y las nuevas tecnologías se fusionen de la forma más adecuada por el beneficio de la humanidad.

Hay una amplia gama de temas incluidos en el ámbito tecnológico; desde la regulación de drones hasta la economía del conocimiento y la blockchain.

En cuanto a la big data y computación en la nube, estas implican manejar grandes volúmenes de datos, lo que plantea desafíos legales en privacidad y seguridad. La computación en la nube requiere consideraciones sobre ubicación de datos y acuerdos de servicio. Los abogados digitales debemos estar al tanto de las implicaciones legales y de privacidad.

La inteligencia artificial, la robótica, la realidad virtual y la computación cuántica también requieren atención legal.

La tecnología del reconocimiento facial involucra aspectos legales y presenta desafíos en privacidad, seguridad y derechos individuales. Los abogados debemos abordar estas cuestiones para garantizar un uso ético y legal.

Recuerda que esta información se ampliará en los libros específicos para cada área.

CUARTO PASO

IA

INTELIGENCIA ARTIFICIAL

En páginas anteriores hemos leído cierta información sobre la IA, ahora conozcamos un poco más. En un mundo cada vez más interconectado y digitalizado, las tecnologías emergentes están redefiniendo el panorama de numerosas profesiones, y el ámbito legal no es la excepción. La irrupción de la inteligencia artificial (IA), el blockchain, el análisis de grandes volúmenes de datos (big data), la automatización de procesos legales, entre otros, promete transformar de manera significativa la práctica del derecho, ofreciendo oportunidades sin precedentes para aumentar la eficiencia, la precisión y la accesibilidad de los servicios legales.

Estas tecnologías no solo están cambiando la manera en que los abogados interactúan con sus clientes y gestionan su trabajo diario, sino que también están redefiniendo las habilidades necesarias para triunfar en esta nueva era. La capacidad para adaptarse y comprender estos avances tecnológicos se está convirtiendo en una habilidad esencial para los profesionales del derecho.

Inteligencia artificial y el derecho

Transformación y desafíos

La Inteligencia Artificial está redefiniendo el panorama legal de maneras que eran inimaginables hace solo una década. Su capacidad para procesar y analizar enormes volúmenes de datos a una velocidad y precisión sin precedentes ha abierto nuevas fronteras en la práctica del derecho. La IA ya está siendo utilizada para automatizar tareas tediosas y repetitivas, proporcionar análisis predictivos y mejorar la toma de decisiones. Sin embargo, con estos avances también surgen importantes consideraciones éticas y desafíos regulatorios.

Automatización y eficiencia

Las herramientas de IA están automatizando tareas que tradicionalmente requerían horas de trabajo manual por parte de abogados y paralegales, como la revisión de documentos y la investigación legal. Esto no solo mejora la eficiencia y reduce los costos, sino que también permite a los profesionales del derecho enfocarse en aspectos más estratégicos de su trabajo, como el asesoramiento al cliente y la litigación. Además, la IA puede ayudar a identificar patrones y conexiones en los datos legales que podrían pasar desapercibidos para los humanos, lo cual proporciona insights valiosos para los casos.

Análisis predictivo y estrategia legal

La capacidad de la IA para analizar datos históricos y prever resultados potenciales de casos es otra de sus aplicaciones revolucionarias. Los sistemas de IA pueden evaluar las probabilidades de éxito en diferentes estrategias legales basándose en precedentes y tendencias judiciales. Esto permite a los abogados asesorar a sus clientes con mayor precisión y diseñar estrategias legales más efectivas.

Desafíos éticos y regulatorios

La integración de la IA en la práctica legal también plantea preguntas sobre la ética y la regulación. ¿Hasta qué punto deben los abogados depender de las recomendaciones de un sistema de IA? ¿Cómo se garantiza la confidencialidad y la seguridad de los datos del cliente cuando se utilizan estas tecnologías? Además, la transparencia y la explicabilidad de las decisiones tomadas por sistemas de IA son temas de creciente preocupación, especialmente cuando estos sistemas influyen en estrategias legales o en el resultado de casos.

La regulación de la IA en el ámbito legal aún está en sus etapas iniciales, con organismos profesionales y legisladores trabajando para establecer marcos que equilibren la innovación con la protección de los derechos fundamentales y los estándares éticos.

El futuro de la IA en el derecho

Mirando hacia el futuro, la IA promete seguir transformando la profesión legal de maneras que apenas comenzamos a entender. La adopción de esta tecnología no solo hará que la práctica del derecho sea más eficiente, sino que también podría democratizar el acceso a servicios legales, haciéndolos más accesibles para todas las personas y para empresas tanto grandes como chicas.

Para los abogados, la IA representa tanto un desafío como una oportunidad. Aquellos que se adapten a estas nuevas herramientas y aprendan a integrarlas en su práctica estarán mejor equipados para servir a sus clientes de manera efectiva y competitiva en el siglo XXI. Este punto se ampliará en la parte de "herramientas y habilidades".

Automatización y herramientas de gestión legal: eficiencia y transformación en la práctica legal

La automatización y las herramientas de gestión legal están jugando un papel crucial en la transformación de la práctica legal, lo que permite a los abogados y firmas legales ser más eficientes y precisos, con capacidad para prestar servicios legales de alta calidad. Estas tecnologías abarcan desde software de gestión de casos y documentos hasta soluciones de inteligencia artificial, que automatizan la investigación legal y la redacción de documentos.

Mejora de la eficiencia y reducción de cargas de trabajo

La automatización nos libera a los abogados de tareas repetitivas que consumen mucho tiempo, como la entrada de datos, el seguimiento de plazos y la organización de documentos. Al reducir la carga de estas tareas administrativas, los abogados podemos concentrarnos en actividades de mayor valor, como el asesoramiento estratégico a clientes y la representación en litigios. Las herramientas de gestión legal, por otro lado, proporcionan plataformas integradas para la gestión de casos, la facturación, la comunicación con clientes y la colaboración interna, mejorando la coordinación y la eficacia operativa.

Aumento de la precisión y la calidad del servicio

La automatización también juega un papel fundamental en la mejora de la precisión en la práctica legal. Los errores humanos, como la omisión de plazos críticos o la incorrecta clasificación de documentos, pueden tener consecuencias graves. Las herramientas automatizadas minimizan estos riesgos, asegurando que los procesos se ejecuten correctamente y de manera consistente. Además, el análisis avanzado de datos y la inteligencia artificial pueden ayudar a identificar patrones e insights legales que mejoren la calidad del asesoramiento legal.

Consideraciones para la implementación

La adopción de automatización y herramientas de gestión legal requiere una cuidadosa planificación y consideración. Es fundamental evaluar las necesidades específicas de la práctica legal y seleccionar soluciones que se alineen con estos requisitos. La capacitación del personal y la gestión del cambio son aspectos clave para asegurar una transición exitosa hacia prácticas más digitalizadas. Además, la seguridad de los datos y la privacidad deben ser prioridades, dado el manejo de información confidencial y sensible en el ámbito legal.

El futuro de la automatización en el derecho

Mirando hacia el futuro, se espera que la automatización y las herramientas de gestión legal continúen evolucionando y expandiéndose, lo que ofrecerá aún más capacidades avanzadas y personalizadas para las necesidades únicas de la práctica legal. La integración de la inteligencia artificial con estas herramientas promete no solo una mayor eficiencia operativa, sino también avances en la predicción de resultados legales y la personalización del asesoramiento legal.

Internet de las cosas (IoT) y sus desafíos legales: navegando en un mundo conectado

El Internet de las cosas (IoT) representa una revolución tecnológica que conecta dispositivos cotidianos a Internet, permitiendo la recopilación y el intercambio de datos a una escala sin precedentes. Desde electrodomésticos inteligentes y wearables hasta vehículos autónomos y sistemas de gestión de edificios, el IoT tiene el potencial de transformar radicalmente nuestra vida cotidiana, la industria y la sociedad en su conjunto. Sin embargo, esta integración masiva de lo digital en lo físico plantea desafíos legales significativos que requieren una consideración cuidadosa por parte de los profesionales del derecho.

Privacidad y protección de datos

Uno de los principales desafíos legales asociados con el IoT es la protección de la privacidad y los datos personales. Los dispositivos IoT recopilan grandes cantidades de datos, algunos de los cuales pueden ser extremadamente sensibles, como información sobre la salud, hábitos personales y ubicaciones. Esto plantea preguntas críticas sobre quién posee esos datos, cómo se utilizan, cómo se protegen y qué derechos tienen los individuos sobre esa información. Las leyes de protección de datos, como el GDPR en Europa, ofrecen un marco para abordar algunas de estas cuestiones, pero la naturaleza omnipresente del IoT desafía los límites de estas regulaciones.

Seguridad cibernética

La seguridad cibernética es otro desafío legal y práctico clave del IoT. La interconexión de dispositivos incrementa el riesgo de ataques cibernéticos que no solo pueden comprometer la seguridad de los datos personales, sino también causar daños físicos (por ejemplo, a través del hackeo de vehículos o sistemas de infraestructura crítica). Esto plantea cuestiones sobre la responsabilidad y las obligaciones de los fabricantes, proveedores de servicios y usuarios finales en la protección contra tales riesgos.

Responsabilidad y normativa

La atribución de responsabilidad en casos de fallos o daños causados por dispositivos IoT es compleja. Determinar quién es responsable —el fabricante del dispositivo, el desarrollador del software, el proveedor de servicios o el usuario final— requiere navegar por un laberinto de contratos y garantías, así como por leyes de responsabilidad de productos. Además, el desarrollo de normativas específicas para el IoT es fundamental para garantizar la seguridad, la fiabilidad y la interoperabilidad de estos dispositivos y sistemas.

Propiedad intelectual

El IoT también plantea desafíos en el ámbito de la propiedad intelectual, especialmente en lo que respecta a las patentes y los derechos de autor. La naturaleza innovadora y a menudo interdisciplinaria de los productos y servicios IoT puede dar lugar a complejas disputas de propiedad intelectual, así como a la necesidad de nuevas formas de protección que aborden adecuadamente la convergencia de hardware, software y datos.

Ética y gobernanza

Más allá de los desafíos legales tangibles, el IoT plantea preguntas éticas sobre la vigilancia, el consentimiento y el control. La gobernanza del IoT, incluida la creación de estándares y principios éticos para el diseño y uso de tecnologías IoT, es crucial para asegurar que estas innovaciones sirvan al bien común sin comprometer los derechos individuales o la seguridad pública.

A medida que estas tecnologías continúan evolucionando, también lo hace el papel del abogado. La visión tradicional del abogado como un erudito del derecho está dando paso a una nueva imagen: la del abogado digital, un profesional que no solo domina los aspectos legales de su práctica, sino que también comprende y aprovecha las tecnologías emergentes para mejorar la entrega de servicios legales. Esta guía está diseñada con el fin de ser un recurso esencial para aquellos que buscan navegar con éxito esta transición, ya que proporciona los conocimientos y herramientas necesarios para incorporar las tecnologías en la vida diaria de los abogados.

1. **Conciencia y comprensión:** Ayudar a las personas a familiarizarse con las tecnologías emergentes y comprender sus conceptos clave, terminología y principios fundamentales.

2. **Exploración de aplicaciones:** Describir las áreas de aplicación y los sectores en los que estas tecnologías están teniendo un impacto significativo, como la inteligencia artificial, la biotecnología, la energía renovable, la robótica, la realidad virtual, entre otras.

3. **Impacto en la sociedad y la economía:** Discutir cómo estas tecnologías están cambiando la forma en que vivimos y trabajamos, así como su influencia en la economía global y los empleos.

4. **Consideraciones éticas y legales:** Analizar los desafíos éticos y legales que surgen con el desarrollo y la adopción de tecnologías emergentes, como la privacidad de los datos, la seguridad cibernética y la toma de decisiones automatizadas.

5. **Futuro y tendencias:** Presentar posibles desarrollos futuros en estas tecnologías y cómo pueden moldear el mundo en los próximos años.

No te preocupes si ves mucha información, conceptos y términos complejos o repetitivos que te puedan confundir o llevar a pensar que es muy difícil o complicado. La idea es que te vayas familiarizando con este nuevo dialecto digital; con los conocimientos básicos sobre estas áreas digitales y los conocimientos que poseas de las leyes y los procedimientos vas a formar una base para iniciarte como abogado digital.

QUINTO PASO

HABLEMOS DE LA REGULACIÓN Y LA SEGURIDAD

Las regulaciones actuales

En la actualidad, las regulaciones sobre áreas jurídicas digitales, incluyendo la inteligencia artificial (IA), varían significativamente entre regiones, y se están desarrollando activamente para abordar los retos emergentes que estas tecnologías presentan.

En Europa, el parlamento de la Unión Europea ha aprobado, el 13 de marzo, el AI Act, el primer marco legal exhaustivo para la IA en el mundo. Este acto regula el uso y desarrollo de la IA basándose en el nivel de riesgo que las aplicaciones puedan presentar, con prohibiciones en ciertos usos considerados de alto riesgo, como la creación de bases de datos de reconocimiento facial o el uso de tecnología de reconocimiento emocional en el trabajo o las escuelas. Las aplicaciones de IA consideradas de "alto riesgo" en sectores como la educación, la salud y la policía deberán cumplir con nuevos estándares de la UE, y algunas prácticas serán completamente prohibidas. Además, se está trabajando en la AI Liability Directive, que permitiría a las personas afectadas por la tecnología recibir compensaciones financieras.

Para esta fecha, en Estados Unidos, el debate sobre la regulación de la IA se ve influenciado por el ciclo electoral, pero se espera un enfoque que clasifique tipos y usos de la IA según el riesgo que representen, similar al enfoque de la UE. El National Institute of Standards and Technology ha propuesto un marco que cada sector y agencia deberá implementar. La AI Bill of Rights lanzada recientemente esboza cinco protecciones clave, aunque ha habido críticas por la falta de controles y balances más estrictos para mantener la IA responsable.

China, por otro lado, ha adoptado un enfoque fragmentado y por piezas para regular la IA, emitiendo legislación específica para productos de IA a medida que se vuelven prominentes, como servicios de recomendación algorítmica y deepfakes. No obstante, en 2023, el consejo de estado chino anunció que una "ley de inteligencia artificial" está en su agenda legislativa, lo que sugiere un enfoque más unificado y amplio, similar al de Europa para el futuro.

Otros países y regiones también están desarrollando estrategias y regulaciones relacionadas con la IA, y organismos internacionales como la ONU, la OCDE y el G20 están creando grupos de trabajo, consejos asesores y estándares para abordar los desafíos regulatorios de la IA. Se espera que estos esfuerzos contribuyan a la consistencia regulatoria a nivel mundial y faciliten el cumplimiento para las empresas de IA.

Para los abogados digitales, es crucial mantenernos informados sobre estos desarrollos, ya que el panorama legal de la IA y otras tecnologías digitales está evolucionando rápidamente. Entender estas regulaciones permitirá que asesoremos adecuadamente a nuestros clientes y naveguemos los complejos desafíos legales presentados por la tecnología digital y la IA.

Permíteme que exploremos algunos aspectos relevantes:

Velocidad del cambio tecnológico: La rápida evolución de las tecnologías emergentes, como la inteligencia artificial, la edición genética y la computación cuántica, supera la capacidad de los reguladores para mantenerse al día. Los reguladores enfrentan dificultades para anticipar y abordar los riesgos y oportunidades que estas tecnologías presentan.

Desafíos regulatorios: Los problemas regulatorios son más complejos que los técnicos. Por ejemplo, en el caso de taxis voladores autónomos, ¿cómo asegurar la seguridad de los pasajeros y la interoperabilidad de los sistemas?

Colaboración entre sectores: Los nuevos enfoques para la regulación promueven la colaboración entre el Estado, el sector privado y el sector científico. La participación de todas las partes interesadas es esencial para diseñar regulaciones efectivas sin poner barreras a la innovación.

Cumplimiento normativo (Compliance): Las empresas deben asignar responsabilidades claras, capacitar a sus empleados sobre las leyes y regulaciones aplicables, monitorear constantemente las actividades relacionadas con tecnologías emergentes y evaluar de manera periódica los riesgos.

Se han propuesto cinco principios para la regulación de las tecnologías emergentes:

1. **Oportunidad:** Regular en el momento adecuado.
2. **Flexibilidad:** Adaptarse a los cambios tecnológicos.
3. **Transparencia**: Comunicar claramente las reglas.
4. **Participación:** Involucrar a todas las partes interesadas.
5. **Evaluación:** Evaluar constantemente la efectividad de las regulaciones.
6. **Protección de datos:** Leyes como el GDPR y el CCPA influyen en la adopción de tecnologías emergentes.

Pueden ser necesarias nuevas leyes para abordar los desafíos únicos que presentan estas tecnologías, ¿pero a quién o qué vamos a regular?

Analicemos…

Desarrolladores y empresas

Desarrolladores: Las regulaciones pueden dirigirse a los desarrolladores de software y hardware. Esto incluye establecer estándares de seguridad, ética y responsabilidad en el diseño y desarrollo de tecnologías emergentes.

Empresas: Las empresas que crean y utilizan tecnologías emergentes deben cumplir con regulaciones relacionadas con la privacidad de datos, la seguridad cibernética y la transparencia en sus prácticas comerciales.

Software y algoritmos: La regulación puede abordar el uso de algoritmos y sistemas de inteligencia artificial. Esto incluye la transparencia en los algoritmos utilizados para tomar decisiones, especialmente en áreas como la selección de personal, la evaluación crediticia y la justicia penal.

También se deben establecer regulaciones para garantizar que los sistemas de IA sean éticos y no perpetúen sesgos o discriminación.

Privacidad y protección de datos: Las tecnologías emergentes recopilan y procesan grandes cantidades de datos personales. Las regulaciones deben proteger la privacidad de los usuarios y establecer límites sobre cómo se pueden utilizar estos datos.

El GDPR (Reglamento General de Protección de Datos) es un ejemplo de regulación que aborda la privacidad y la protección de datos en la Unión Europea.

Seguridad cibernética: Las regulaciones deben garantizar que las tecnologías emergentes sean seguras y resistentes a ataques cibernéticos. Esto es especialmente relevante para sistemas críticos como la infraestructura de energía, el transporte y la salud.

Responsabilidad y ética: Las regulaciones deben establecer responsabilidades claras en caso de fallas o daños causados por tecnologías emergentes. ¿Quién es responsable si un vehículo autónomo causa un accidente?

La ética también debe ser parte de la regulación. ¿Cómo se deben utilizar las tecnologías emergentes de manera justa y equitativa?

Educación y conciencia: Las regulaciones pueden promover la educación y la conciencia pública sobre las implicaciones de las tecnologías emergentes. Esto incluye la alfabetización digital y la comprensión de los riesgos y beneficios.

En resumen, la regulación debe ser un enfoque integral que involucre a desarrolladores, empresas, usuarios y gobiernos para garantizar que las tecnologías emergentes se utilicen de manera segura, ética y beneficiosa para la sociedad.

1. **Regulación para seguridad cibernética:**

Establecer estándares de seguridad para sistemas críticos y tecnologías emergentes.

Prevenir ataques cibernéticos y garantizar la integridad de los sistemas.

2. **Regulación para responsabilidad y ética:**

Definir responsabilidades en caso de fallas o daños causados por tecnologías emergentes.

Establecer principios éticos para su uso justo y equitativo.

En resumen, cada punto requiere regulaciones específicas para abordar sus desafíos y garantizar que las tecnologías emergentes beneficien a la sociedad sin comprometer la seguridad ni la privacidad.

La regulación de las actividades que se realizan en el entorno digital abarca los siguientes temas:

1. Comercio electrónico:

El comercio electrónico se refiere a la compraventa de bienes y servicios a través de internet. El derecho digital regula aspectos como la formación del contrato, la protección del consumidor, los medios de pago y la responsabilidad por los daños causados.

2. Propiedad intelectual digital:

La propiedad intelectual digital se refiere a la protección de obras creativas en el entorno digital. El derecho digital regula aspectos como los derechos de autor, las marcas comerciales, las patentes y el software.

3. Ciberseguridad:

La ciberseguridad se refiere a la protección de sistemas informáticos y datos frente a ataques. El derecho digital regula aspectos como la protección de datos, la responsabilidad por los ataques cibernéticos y la ciberdelincuencia.

4. Protección de datos personales:

La protección de datos personales se refiere a la privacidad de la información personal. El derecho digital regula aspectos como la recopilación, el tratamiento y la transferencia de datos personales.

5. Regulación de las redes sociales:

Las redes sociales son plataformas online que permiten a los usuarios interactuar entre sí. El derecho digital regula aspectos como el contenido ilegal, el discurso de odio y la responsabilidad de las plataformas.

6. Inteligencia artificial y ética:

La inteligencia artificial es una tecnología que permite a las máquinas realizar tareas que tradicionalmente se consideraban exclusivas del ser humano. El derecho digital regula aspectos como el desarrollo responsable de la IA, la transparencia de los algoritmos y la responsabilidad por los daños causados por la IA.

7. Blockchain y criptomonedas:

Blockchain es una tecnología que permite crear un registro digital seguro e inmutable de transacciones. Las criptomonedas son monedas digitales que utilizan la tecnología blockchain. El derecho digital regula aspectos como la emisión de criptomonedas, la prevención del blanqueo de capitales y la financiación del terrorismo.

Estos casos ilustran cómo las tecnologías como la inteligencia artificial, la blockchain, la seguridad cibernética y las redes sociales están impactando, y lo seguirán haciendo, en el ámbito legal. Los abogados y los bufetes de abogados debemos adaptarnos constantemente a estos cambios tecnológicos y comprender cómo podemos utilizar la tecnología de manera efectiva en nuestra práctica legal y en la resolución de casos.

Uno de los propósitos de este libro es la creación de un nuevo marco de derecho digital internacional.

Crear un nuevo sistema judicial digital global, independiente del derecho jurídico tradicional y aplicable a nivel internacional, es tanto intrigante como desafiante. Esta propuesta reconoce la naturaleza transfronteriza de Internet y la necesidad de abordar cuestiones digitales que trascienden las jurisdicciones nacionales. Sin embargo, la implementación de tal sistema enfrenta varios obstáculos significativos, aunque no imposibles de superar.

A continuación, examinemos algunos aspectos clave de esta propuesta:

Viabilidad

1. **Consenso internacional**: Establecer un marco legal digital global requeriría un consenso sin precedentes entre países con diferentes sistemas legales, culturas y prioridades en cuanto a privacidad, libertad de expresión y seguridad. Lograr un acuerdo sobre normas universales para delitos digitales, protección de datos y derechos de autor en el entorno digital sería un desafío considerable.

2. **Aplicación y cumplimiento**: Incluso con un consenso global, la aplicación efectiva de un derecho digital global sería compleja. Esto implicaría la creación de entidades supranacionales con autoridad para hacer cumplir estas leyes, lo cual podría provocar resistencia por cuestiones de soberanía nacional.

3. **Rapidez de evolución tecnológica:** La tecnología digital evoluciona a un ritmo vertiginoso, lo que requeriría que cualquier marco legal global sea extremadamente adaptable y capaz de actualizarse con rapidez en respuesta a nuevas tecnologías y desafíos emergentes.

Potenciales beneficios

1. **Uniformidad en la ley**: Un marco global para el derecho digital podría ofrecer una base legal coherente para tratar cuestiones como la ciberdelincuencia, facilitando la cooperación internacional y la eficiencia en la persecución de delitos digitales.

2. **Protección de usuarios**: Un sistema legal digital global también podría ofrecer protecciones consistentes para los usuarios de Internet en todo el mundo, estableciendo estándares mínimos para la privacidad y la seguridad de los datos.

3. **Fomento de la innovación**: Al proporcionar un conjunto claro y unificado de reglas, un derecho digital global podría ayudar a fomentar la innovación y la inversión en tecnologías emergentes, aliviando las preocupaciones sobre la fragmentación legal.

¿Cómo podría estructurarse y aplicarse un marco de derecho digital global?

Inspirándose en la forma en que Internet y la World Wide Web funcionan bajo consensos y protocolos ampliamente aceptados, con la excepción de aquellos que operan fuera de estas normas, como en el caso de la deep web/dark web. La idea de que una entidad supranacional, posiblemente como las Naciones Unidas, promueva y coordine este marco es intrigante y refleja los esfuerzos existentes para abordar problemas globales a través de tratados y acuerdos internacionales.

Consideremos la propuesta:

1. **Promoción por entidades supranacionales:** Es posible que organizaciones como las Naciones Unidas tomen la iniciativa de promover un marco de derecho digital global. Ya existen precedentes de esfuerzos internacionales para regular aspectos del espacio digital, como la Convención de Budapest sobre la Ciberdelincuencia. Sin embargo, la efectividad de tales marcos depende en gran medida del compromiso y la cooperación de los estados miembros.

Otro precedente son los bancos centrales de algunos países, por ejemplo, el proyecto mBridge representa una innovación significativa en el ámbito de las monedas digitales de los bancos centrales (CBDC) para pagos transfronterizos al por mayor.

Este proyecto es una colaboración entre varias instituciones financieras internacionales, incluyendo el BIS Innovation Hub Hong Kong Centre, la Autoridad Monetaria de Hong Kong, el Banco de Tailandia, el Instituto de Moneda Digital del Banco Popular de China y el Banco Central de los Emiratos Árabes Unidos. Su objetivo es abordar y mejorar las ineficiencias en los pagos transfronterizos, como los altos costos y la baja velocidad, mediante el uso de una plataforma común basada en tecnología de libro mayor distribuido (DLT).

La fase piloto del proyecto mBridge involucró a 20 bancos de cuatro jurisdicciones, llevando a cabo más de 160 transacciones de pago y cambio de divisas, lo que demuestra el potencial de esta tecnología para revolucionar el sistema de pagos transfronterizos. El proyecto utiliza una blockchain especializada, el mBridge Ledger, que se ha diseñado específicamente para los bancos centrales con el fin de facilitar la implementación de pagos multimoneda en CBDC.

Lo interesante del proyecto mBridge es su adopción del protocolo de consenso Dashing, que se destaca por su capacidad para mejorar la eficiencia en blockchains permisionados, aumentando significativamente el rendimiento en pruebas con numerosos nodos. Este protocolo utiliza un enfoque novedoso que emplea certificados débiles para mejorar el rendimiento, recurriendo a certificados fuertes en situaciones específicas para garantizar la seguridad. Esta solución busca equilibrar los desafíos comunes de las blockchains, como la escalabilidad, la seguridad y la baja latencia.

El éxito y las innovaciones del proyecto mBridge sugieren que el sistema bancario tradicional está en proceso de adaptación a un entorno digital más eficiente y seguro. Esto abre la puerta a la posibilidad de un sistema judicial digital, donde la tecnología blockchain y los contratos inteligentes podrían desempeñar un papel crucial en la administración de justicia y la resolución de disputas de manera más eficiente y transparente. La implementación de un sistema judicial digital basado en tecnologías similares a las utilizadas en el proyecto mBridge podría ofrecer soluciones innovadoras para los desafíos actuales del sistema judicial, haciéndolo más accesible, rápido y seguro.

2. **Participación voluntaria con consecuencias de no adhesión:** Proponer que los países que no se adhieran al tratado puedan ser "bloqueados" de ciertos beneficios o protecciones ofrece un incentivo para la participación, pero también plantea preguntas sobre la viabilidad y la ética de tal enfoque. La gobernanza de Internet se basa en gran medida en la interoperabilidad y el acceso abierto, y cualquier esfuerzo para limitar el acceso o la cooperación podría tener implicaciones negativas significativas para la globalidad de la red.

3. **Desafíos de la deep/dark web y la regulación**: La existencia de la deep web y el deseo de ciertos usuarios de operar fuera de la regulación convencional subraya la dificultad inherente de imponer cualquier marco legal en el ámbito digital. La tecnología a menudo supera a la ley en términos de innovación y adaptabilidad, lo que plantea desafíos constantes para los reguladores.

Posibles caminos que seguir

• **Cooperación internacional mejorada:** Fortalecer la cooperación internacional y los esfuerzos de armonización podría ajustarse a un enfoque más práctico y realista. Esto podría implicar la expansión de tratados existentes y el fomento de nuevos acuerdos sobre aspectos específicos del derecho digital, que aseguren, al mismo tiempo, el respeto por las diferencias culturales y legales.

• **Estándares y protocolos abiertos:** Inspirándose en cómo funciona Internet, el desarrollo de estándares y protocolos abiertos para el derecho digital podría facilitar una mayor interoperabilidad legal y técnica, lo que permite una aplicación más uniforme de la ley en el ámbito digital.

• **Respeto por la soberanía y diversidad:** Cualquier marco de derecho digital global debe respetar la soberanía de los estados y la diversidad de sistemas legales y culturales. Encontrar un equilibrio entre la uniformidad y el respeto por las diferencias locales será clave para el éxito de tales esfuerzos.

En resumen, aunque la propuesta de un marco de derecho digital global promovido por una entidad como las Naciones Unidas sea atractiva, su implementación requeriría navegar por un complejo panorama de desafíos técnicos, legales y políticos. La cooperación internacional, la adaptabilidad y el respeto por la diversidad serán esenciales para avanzar hacia cualquier forma de gobernanza digital global efectiva. En el libro que próximamente se publicará, encontrarás diferentes opiniones sobre los pasos a seguir para fomentar la creación de este nuevo sistema judicial digital.

Conclusiones

Si bien la idea de un derecho digital global presenta una solución atractiva a los desafíos planteados por la naturaleza transfronteriza de Internet, su implementación enfrenta obstáculos significativos relacionados con la diversidad de sistemas legales y valores culturales, así como cuestiones de soberanía y aplicación. Sin embargo, la creciente cooperación internacional en asuntos de ciberseguridad y protección de datos personales sugiere que, aunque un sistema legal digital completamente global puede ser un objetivo a largo plazo, los pasos graduales hacia una mayor armonización legal en el ámbito digital son tanto posibles como deseables.

El futuro del derecho digital probablemente verá un aumento en los tratados internacionales y los esfuerzos de armonización, aunque estos coexistirán con sistemas legales nacionales por algún tiempo. Para los abogados digitales, esto significa navegar tanto por las leyes locales como por los acuerdos internacionales, adaptándose constantemente a un paisaje legal que es tan dinámico como las tecnologías que busca regular. Debemos ser voceros de este proyecto y cada uno presentar una idea que pueda servir para la adaptación de este sistema a nivel global.

LA SEGURIDAD EN TORNO A LO DIGITAL

La seguridad en el contexto del derecho digital abarca un espectro amplio y multifacético que todo abogado en esta área debe dominar. La seguridad no solo concierne a la protección de sistemas y redes contra ataques maliciosos, sino también a la salvaguarda de la privacidad de los usuarios, la integridad y confidencialidad de los datos, así como la seguridad de la información manejada dentro de la propia oficina legal. Este capítulo se adentra en estos aspectos esenciales y proporciona ejemplos prácticos, clasificaciones de seguridad relevantes y tecnologías actuales diseñadas para su control y gestión.

Clasificación de la seguridad

La seguridad en el ámbito digital puede clasificarse en varias categorías, cada una atendiendo a diferentes aspectos y amenazas potenciales:

1. **Seguridad de la red:** Implica la protección de la infraestructura de red contra accesos no autorizados, ataques de denegación de servicio (DoS) y otros.

   Ejemplo: Un bufete de abogados implementa cortafuegos y sistemas de detección de intrusiones para proteger su red interna.

2. **Seguridad de los datos:** Se centra en proteger los datos contra accesos no autorizados, alteraciones o pérdidas.

   Ejemplo: Cifrado de archivos sensibles almacenados tanto localmente como en la nube para garantizar que solo el personal autorizado pueda acceder a ellos.

3. **Seguridad de la información:** Abarca la protección de la integridad y privacidad de la información, tanto en tránsito como en reposo.

   Ejemplo: Uso de VPN y protocolos de encriptación segura para comunicaciones entre abogados y clientes.

4. **Seguridad del usuario:** Relacionada con la protección de la identidad y los datos personales de los usuarios.

Ejemplo: Implementación de políticas de contraseñas fuertes y autenticación de dos factores para el acceso a sistemas críticos.

Tecnología para el control de la seguridad

Para cada tipo de seguridad, existen tecnologías específicas diseñadas para su gestión y control:

- **Cortafuegos y antivirus:** Herramientas fundamentales para la seguridad de la red y la protección contra malware.

- **Cifrado de datos:** Tecnología clave para la seguridad de los datos, como el cifrado AES para archivos y comunicaciones.

- **Gestión de identidades y accesos (IAM):** Soluciones que permiten el control de acceso a sistemas y datos basándose en roles de usuario específicos, esencial para la seguridad de la información y del usuario.

- **Red privada virtual (VPN):** Facilita una conexión segura a la red de la oficina o a Internet, protegiendo la transmisión de datos.

Seguridad en la oficina del abogado digital

La oficina de un abogado digital debe ser un bastión de seguridad, no solo en términos de tecnología, sino también en prácticas y políticas implementadas:

- **Educación y concienciación:** Capacitación regular en ciberseguridad para todo el personal, en la que se enseñe la importancia de prácticas seguras, como la verificación de enlaces antes de hacer clic, y el escepticismo frente a correos electrónicos de phishing.

- **Políticas de seguridad estrictas:** Incluyendo la gestión de dispositivos móviles, políticas de contraseñas y control de acceso físico a las instalaciones.

- **Planes de respuesta a incidentes:** Establecimiento de procedimientos claros para responder a brechas de seguridad o ataques informáticos, lo que permite minimizar el impacto y restaurar rápidamente la operatividad.

Manejo de la seguridad de los usuarios y la información

El abogado digital debe priorizar la seguridad de sus clientes, tomando en cuenta lo siguiente:

- **Consentimiento y privacidad:** Tomar en cuenta el consentimiento de los usuarios para el manejo de sus datos, cumpliendo con regulaciones como el GDPR.

- **Transparencia:** Asegurar que los clientes estén informados sobre cómo y por qué se recolectan y utilizan sus datos.

- **Acceso seguro:** Garantizar que el acceso a la información del cliente esté protegido y sea auditado regularmente.

En conclusión, la seguridad en el ámbito del derecho digital es un campo extenso y en constante evolución, que requiere de una combinación de tecnología avanzada, políticas sólidas y una cultura de seguridad consciente. Al adherirse a estas prácticas y principios, los abogados digitales no solo protegemos nuestros propios activos y los de la oficina, sino que también salvaguardamos la confianza y los derechos de nuestros clientes.

Los tipos de casos y problemas de seguridad digital más comunes incluyen:

1. **Phishing:** Ataques que engañan a los usuarios para que revelen información confidencial a través de correos electrónicos o sitios web falsificados.

2. **Malware:** Software malicioso diseñado para dañar o aprovecharse de sistemas y redes.

3. **Ransomware:** Tipo de malware que cifra los archivos del usuario y exige un rescate para su desbloqueo.

4. **Ataques de denegación de servicio (DDoS):** Inundan un sitio web o red con tráfico para hacerlo inaccesible.

5. **Violaciones de datos:** Accesos no autorizados a datos personales o corporativos, a menudo con intenciones maliciosas.

6. **Suplantación de identidad (Identity Theft):** Uso ilegal de la información personal de otra persona para cometer fraude.

Cada uno de estos problemas requiere una respuesta legal y técnica detallada para su resolución, incluyendo investigaciones forenses digitales, asesoramiento legal sobre cumplimiento y medidas preventivas, y, en algunos casos, litigio.

Si necesitas realizar una investigación forense digital, es importante que sigas una serie de pasos establecidos y busques la ayuda de profesionales especializados en este campo. Aquí te detallamos un proceso general y cómo puedes proceder:

1. **Identificación:** El primer paso es encontrar la evidencia y determinar dónde está almacenada. Esto podría involucrar la identificación de dispositivos digitales o sistemas que puedan contener datos relevantes para la investigación.

2. **Preservación:** A continuación, es esencial aislar, asegurar y preservar los datos para prevenir cualquier posible alteración o daño. Esto incluye asegurar los dispositivos y copiar la información relevante para su análisis.

3. **Análisis:** Después, se procede a reconstruir fragmentos de datos y analizarlos para extraer conclusiones basadas en la evidencia encontrada. Este paso puede requerir el uso de software especializado en forense digital para recuperar datos eliminados o encriptados.

4. **Documentación:** Se debe crear un registro detallado de todos los hallazgos, incluyendo cómo se recopiló y preservó la evidencia y cualquier análisis realizado. Esto es crucial para la validez de la evidencia en procedimientos legales.

5. **Presentación:** Por último, se resume y presenta la evidencia y los hallazgos de la investigación, preparándolos para su uso en un contexto legal, como en un juicio.

Para llevar a cabo una investigación forense digital, puedes buscar la ayuda de un investigador de esta área. Estos profesionales se especializan en la recuperación y análisis de datos de dispositivos digitales. Tienen las habilidades y herramientas necesarias para seguir estos pasos de manera efectiva, para asegurar que la evidencia recopilada sea admisible en un tribunal.

Los investigadores forenses digitales a menudo trabajan para empresas de seguridad cibernética, departamentos de policía o como consultores independientes. Para encontrar a uno, puedes buscar en directorios profesionales, solicitar recomendaciones a colegas o consultar con asociaciones profesionales relacionadas con la ciberseguridad y la forense digital.

Es importante recordar que la investigación forense digital debe realizarse de acuerdo con las leyes y regulaciones aplicables, lo que a menudo implica la obtención de las debidas autorizaciones legales, como órdenes de registro, para acceder y examinar dispositivos o datos

Aquí hay varias fuentes y herramientas destacadas en el campo de la investigación forense digital. Algunas de estas herramientas incluyen:

- **Bulk Extractor:** Permite escanear archivos, directorios o imágenes de disco y extraer información relevante sin necesidad de interpretar los sistemas de archivos. Es útil para analizar una amplia gama de medios digitales.

- **COFEE (Computer Online Forensic Evidence Extractor):** Desarrollado por Microsoft, este kit de herramientas forenses facilita la extracción de evidencia de computadoras con Windows, agilizando el análisis forense durante una investigación en vivo.

- **CAINE (Computer Aided Investigative Environment):** Ofrece una plataforma completa de investigación forense, diseñada para ser interoperable y asistir a los investigadores a través de las etapas de preservación, recolección, examinación y análisis.

- **Digital Forensics Framework (DFF):** Es una plataforma de código abierto para forenses informáticos que guía al usuario a través de los pasos críticos de una investigación digital, utilizable tanto por profesionales como por aficionados.

- **EnCase:** Considerada el estándar de oro en la investigación forense de ciberseguridad, EnCase ofrece software forense para ayudar a los profesionales a encontrar evidencia y analizar archivos en discos duros y teléfonos móviles.

Para encontrar investigadores forenses digitales profesionales que puedan asistirte, considera contactar con organizaciones o consultoras especializadas en ciberseguridad y forense digital. Además, la National Institute of Justice (NIJ) en EE. UU. proporciona recursos valiosos relacionados con la evidencia digital y forenses, lo que podría ser un punto de partida para entender mejor el campo y posiblemente encontrar especialistas. Podrás encontrar más información en www.abogadodigital.online.

Estas herramientas y recursos pueden servir como un buen punto de partida para cualquier abogado digital que busque adentrarse en el campo de la investigación forense digital o que necesite contratar servicios profesionales para casos específicos.

Ejemplo de cómo una corporación maneja los datos

AWS y Google Cloud son dos de los principales proveedores de servicios en la nube que manejan grandes cantidades de datos para sus clientes. Ambos ofrecen una amplia gama de herramientas y servicios diseñados para garantizar la seguridad y protección de estos datos.

En AWS, la seguridad de los datos se maneja mediante una combinación de encriptación de datos en reposo y en tránsito. AWS recomienda la encriptación como un control de acceso adicional que complementa los controles de acceso basados en identidad, recursos y red.

AWS Key Management Service (KMS) juega un papel crucial al permitir a los clientes controlar el ciclo de vida y los permisos de las llaves utilizadas para encriptar sus datos. Además, AWS utiliza módulos de seguridad de hardware (HSM) para proteger el material de clave del cliente mientras está en uso, asegurando que las claves no puedan ser utilizadas fuera del HSM por nadie, incluidos los empleados de AWS.

Para proteger los datos en tránsito, AWS alienta a los clientes a adoptar un enfoque multinivel. Todo el tráfico de red entre los centros de datos de AWS está cifrado en la capa física, y el tráfico dentro de una VPC y entre VPC emparejadas a través de regiones está cifrado en la capa de red cuando se utilizan tipos de instancia de Amazon EC2 compatibles. AWS ofrece varias opciones para la infraestructura gestionada por el cliente dentro de AWS que necesita terminar conexiones TLS, incluyendo servicios de balanceo de carga, Amazon CloudFront y Amazon API Gateway.

Google Cloud también proporciona soluciones robustas para la seguridad de los datos, utilizando tecnologías similares de encriptación tanto para datos en reposo como en tránsito. Ofrece controles detallados de acceso y gestión de identidades, así como opciones de encriptación administradas por el cliente y encriptación predeterminada en sus servicios.

Ambos proveedores enfatizan la importancia de una seguridad de datos completa y coherente, ofreciendo herramientas y servicios que permiten a los clientes implementar estrategias de encriptación y gestión de claves a medida para proteger sus datos tanto en reposo como en tránsito.

CREACIÓN DE LA POLICÍA DIGITAL

La idea de desarrollar un sistema de "policía digital" distribuido que funcione a través de Internet, similar a un antivirus, pero con capacidades de comunicación y análisis centralizados, es una propuesta innovadora y ambiciosa. Este concepto se basa en la integración y colaboración entre diferentes niveles de defensa cibernética: desde la protección local en dispositivos individuales hasta un mecanismo de respuesta coordinada a nivel de infraestructura de Internet.

Analicemos los aspectos clave de esta propuesta:

Aspectos positivos

1. **Respuesta coordinada a amenazas:** Al permitir que los "antivirus locales" informen a un sistema central sobre ataques, se podría mejorar significativamente la capacidad de respuesta ante amenazas cibernéticas, logrando una reacción más rápida basada en información actualizada sobre las tácticas de los atacantes.

2. **Análisis centralizado de datos:** Un "policía hosting" centralizado tendría la capacidad de analizar grandes volúmenes de datos sobre incidentes de seguridad e identificar patrones y orígenes de ataques, lo que podría mejorar las estrategias de prevención y contención.

3. **Mejora de la seguridad global en Internet:** Al compartir información sobre amenazas entre "policías de red", se podría fortalecer la seguridad de Internet en su conjunto, protegiendo mejor a los usuarios y la infraestructura crítica de ataques coordinados y sofisticados.

Desafíos y consideraciones

1. **Privacidad y protección de datos:** Una de las principales preocupaciones sería cómo gestionar y proteger la gran cantidad de datos recopilados por este sistema. Sería crucial asegurar que la privacidad de los usuarios no se vea comprometida por la vigilancia y el análisis de tráfico.

2. **Jurisdicción y cooperación internacional:** Dado que los ataques cibernéticos pueden originarse en cualquier parte del mundo, la cooperación internacional sería esencial. Esto plantea desafíos relacionados con la jurisdicción y la aplicación de la ley a través de fronteras nacionales.

3. **Implementación y estándares:** Para que un sistema de este tipo funcione eficazmente, sería necesario desarrollar e implementar estándares globales, así como garantizar la compatibilidad entre diferentes sistemas y plataformas. Esto requeriría un nivel significativo de cooperación entre gobiernos, empresas privadas y organizaciones internacionales.

4. **Falsos positivos y gestión de incidentes:** La capacidad del sistema para distinguir entre actividades maliciosas y uso legítimo del Internet sería crítica. Un número elevado de falsos positivos podría resultar en la interrupción de servicios legítimos y causar más problemas que soluciones.

Conclusión

La idea de establecer una "policía digital" con capacidades avanzadas de detección, comunicación y análisis representa una visión futurista de la ciberseguridad. Si bien ofrece potenciales beneficios significativos en términos de protección contra amenazas digitales, su implementación efectiva requeriría superar desafíos técnicos, legales y éticos considerables. La colaboración y el consenso globales serían fundamentales para desarrollar un marco que respete tanto la seguridad como la privacidad en el espacio digital.

Una consideración importante sería limitar la información compartida con el "policía de hosting" a datos relacionados con el atacante y minimizar las preocupaciones de privacidad. Aquí exploraremos algunos aspectos de cómo podría funcionar este enfoque, manteniendo un equilibrio entre la eficacia en la respuesta a amenazas y la protección de la privacidad de los usuarios.

Enfoque en la información del atacante

1. **Datos anónimos sobre la amenaza:** Al centrarse exclusivamente en la información relacionada con el atacante, como métodos de ataque, firmas de malware o patrones de comportamiento anómalo, el sistema puede contribuir a una base de datos de inteligencia sobre amenazas sin comprometer la identidad o datos personales de la víctima.

2. **Uso de direcciones IP:** La información sobre la dirección IP del atacante puede ser crucial para rastrear la fuente del ataque. Sin embargo, es importante considerar que las direcciones IP pueden ser dinámicas, compartidas o, incluso, falsificadas (spoofed), lo que podría complicar la atribución precisa de ataques.

Desafíos y soluciones potenciales

1. **Atribución de ataques:** La identificación precisa del atacante es uno de los mayores desafíos en la seguridad cibernética. La utilización de técnicas avanzadas de análisis y correlación de datos puede ayudar a mitigar este problema, aunque nunca se elimina por completo el riesgo de errores de atribución.

2. **Protección de datos anónimos:** Aunque la información compartida se limite a datos sobre el atacante, es vital la implementación de medidas de seguridad robustas para proteger esa información durante su transmisión y almacenamiento, y así evitar el acceso no autorizado o la manipulación de los datos.

3. **Cooperación internacional:** Dado que los ataques pueden originarse en cualquier parte del mundo, es crucial la cooperación entre diferentes jurisdicciones. La creación de acuerdos internacionales y marcos de cooperación puede facilitar el intercambio de información sobre amenazas y la respuesta coordinada a incidentes cibernéticos.

4. Gestión de falsos positivos: Implementar mecanismos para gestionar y minimizar los falsos positivos es esencial para evitar la persecución injustificada de actividades en línea legítimas. Esto puede incluir procesos de revisión y verificación antes de tomar cualquier acción basada en la información recibida.

Conclusión

La propuesta ofrece un modelo interesante para mejorar la ciberseguridad global: un sistema en el que los antivirus actúan como "policías locales" que informan a un "policía de hosting" centralizado sobre actividades maliciosas, manteniendo el anonimato de la víctima. Sin embargo, la implementación de tal sistema requeriría superar desafíos técnicos y legales significativos que aseguren la precisión en la identificación de amenazas y la protección de la privacidad. La eficacia de este enfoque dependerá, en gran medida, de la colaboración internacional, el desarrollo de tecnologías de detección y análisis avanzadas y el establecimiento de protocolos claros para el manejo de la información de amenazas.

La creación de una organización internacional bajo el auspicio de la ONU dedicada al derecho digital, que además desarrolle y gestione un software de IA para mejorar la ciberseguridad global, es una idea ambiciosa que aborda varios de los desafíos actuales en la seguridad y el derecho digital. La propuesta innovadora de descentralizar la gestión de datos y repartir la carga entre diferentes actores, incluyendo proveedores de hosting y grandes empresas tecnológicas podría ofrecer una solución escalable a la problemática de centralizar enormes volúmenes de datos.

Veamos cómo podría estructurarse esta propuesta:

Estructura descentralizada

1. Red distribuida de IA: En lugar de un único centro de datos, el sistema podría basarse en una red distribuida de nodos de IA, cada uno alojado y mantenido por diferentes entidades, incluidas empresas tecnológicas, proveedores de servicios de Internet (ISP) y organizaciones de hosting. Esta red colaborativa permitiría compartir la carga de procesamiento de datos y análisis de amenazas.

2. **Protocolos seguros de comunicación:** Para facilitar la comunicación y el intercambio de información entre nodos de IA de manera segura, se necesitarían protocolos de comunicación cifrados y autenticados, que garanticen la privacidad y la integridad de los datos compartidos.

3. **Contribución voluntaria de datos:** Las empresas y organizaciones participantes podrían contribuir voluntariamente con datos relacionados con amenazas de seguridad, utilizando formatos estandarizados para garantizar la compatibilidad y la eficacia del análisis. La contribución de datos se haría de manera que se preserve la privacidad de los usuarios y se cumplan las regulaciones locales e internacionales sobre protección de datos.

4. **Mecanismos de análisis colaborativo:** La IA y el aprendizaje automático se emplearían para analizar los datos sobre amenazas cibernéticas de manera colaborativa en la red, permitiendo que cada nodo aprenda de las experiencias de los demás y mejore la detección y respuesta a incidentes de seguridad en tiempo real.

5. **Gobernanza y supervisión:** La organización creada por la ONU actuaría como entidad supervisora, estableciendo las normas, los estándares técnicos y los protocolos de operación para la red. Esto incluiría la definición de políticas para el manejo de datos, la respuesta a incidentes y la colaboración internacional.

Desafíos y consideraciones

• **Participación voluntaria vs. Cobertura universal:** La eficacia del sistema dependería de la amplia participación de países y empresas. Aquellos fuera del sistema representaría brechas en la cobertura de seguridad global.

• **Estándares y normativas:** Establecer y mantener estándares técnicos y legales comunes aceptados por todos los participantes sería un desafío significativo, especialmente considerando las diversas jurisdicciones y regulaciones existentes.

• **Privacidad y ética:** Sería esencial equilibrar las capacidades de vigilancia y análisis del sistema con el respeto a la privacidad individual y los derechos digitales, lo que requiere de un marco ético sólido y mecanismos de rendición de cuentas.

Conclusión

La idea de crear una infraestructura descentralizada y colaborativa para la ciberseguridad bajo la coordinación de una organización internacional (ONU, ONG, asociación de abogados internacionales, por ejemplo) introduce un enfoque innovador para abordar los desafíos de la seguridad digital en una escala global. Sin embargo, la implementación de tal sistema requeriría una cooperación sin precedentes entre los actores estatales y privados, así como soluciones técnicas avanzadas para gestionar la complejidad de una red de IA distribuida y los desafíos inherentes a la privacidad y la jurisdicción.

Ahora que ya sabes las diferentes áreas del derecho digital, continúa ampliando tus conocimientos como abogado digital y avancemos para que aprendas las habilidades y herramientas que te ayudarán en este mundo digital.

PARTE II

HERRAMIENTAS Y HABILIDADES PARA EL ABOGADO DIGITAL

SEXTO PASO

HERRAMIENTAS

¿Por qué los abogados deben entender la tecnología?

1. **Cambios en la legislación y regulación:** La tecnología avanza rápidamente y, como resultado, las leyes y regulaciones relacionadas con la tecnología también evolucionan constantemente. Los abogados deben estar al tanto de estos cambios para poder asesorar de forma adecuada a sus clientes y garantizar el cumplimiento de las leyes aplicables.

2. **Casos legales tecnológicos:** Cada vez más, los casos legales involucran cuestiones tecnológicas, como la propiedad intelectual en el entorno digital, la ciberseguridad, la privacidad de los datos y las disputas relacionadas con la tecnología. Los abogados deben comprender estas cuestiones tecnológicas para representar efectivamente a sus clientes en tales casos.

3. **Protección de la propiedad intelectual:** La tecnología desempeña un papel fundamental en la creación y protección de la propiedad intelectual, como patentes, marcas registradas y derechos de autor. Los abogados que trabajan en este campo debemos comprender la tecnología subyacente para evaluar y defender los derechos de propiedad intelectual de nuestros clientes.

4. **Cumplimiento normativo:** Las empresas que operan en el espacio tecnológico a menudo están sujetas a regulaciones específicas que rigen la recopilación y el manejo de datos, la seguridad cibernética y otros aspectos tecnológicos. Los abogados debemos asesorar a nuestros clientes sobre el cumplimiento normativo y las implicaciones legales de las tecnologías que utilizan.

5. **Litigios y resolución de disputas:** En los litigios relacionados con la tecnología, los abogados debemos entender los conceptos y la jerga tecnológica para argumentar nuestros casos de manera

efectiva ante los tribunales y examinar a testigos expertos en tecnología.

6. **Negociaciones contractuales:** En transacciones comerciales que involucran tecnología, como acuerdos de licencia de software, contratos de desarrollo de software y acuerdos de tecnología, los abogados debemos redactar contratos que reflejen claramente las expectativas y los términos relacionados con la tecnología subyacente.

7. **Protección de la privacidad y los datos:** Con la creciente preocupación por la privacidad y la seguridad de los datos personales, los abogados debemos comprender las leyes de privacidad y ayudar a las organizaciones a cumplir con ellas, especialmente en un mundo digital donde se recopilan y almacenan grandes cantidades de datos.

8. **Asesoramiento estratégico:** Los abogados que comprendemos la tecnología podemos brindar asesoramiento estratégico a nuestros clientes sobre cómo utilizar la tecnología de manera efectiva en sus operaciones comerciales y cómo mitigar los riesgos asociados.

Herramientas tecnológicas para la práctica legal

Software de gestión de casos legales: Plataformas como Clío, PracticePanther y MyCase ofrecen soluciones integrales para la gestión de casos, incluyendo seguimiento de tiempo, facturación, gestión de documentos y comunicación con clientes.

Herramientas de videoconferencia: Plataformas como Zoom, Microsoft Teams y Google Meet son fundamentales para mantener la comunicación virtual con clientes, colegas y otros profesionales del derecho, especialmente en un entorno de trabajo remoto, en tanto Signal y Telegram son opciones destacadas para mensajes seguros.

Herramientas de investigación legal en línea: Servicios como Westlaw, LexisNexis y Fastcase proporcionan acceso a una amplia variedad de recursos legales en línea, incluyendo casos judiciales, estatutos, tratados y comentarios legales.

Software de automatización de documentos legales: Herramientas como HotDocs, Documate y Contract Express permiten a los abogados crear y gestionar documentos legales de manera eficiente mediante la automatización de tareas repetitivas y la generación de documentos personalizados.

Plataformas de gestión de contratos: Servicios como Concord, DocuSign y ContractWorks facilitan la creación, revisión, firma electrónica y gestión de contratos en línea, lo que permite agilizar el proceso y reducir los errores.

Software de análisis de datos y big data para abogados

En la era digital actual, el volumen de datos disponibles se multiplica exponencialmente. Los abogados no somos ajenos a este fenómeno, ya que debemos gestionar una gran cantidad de información en nuestros casos, desde documentos legales y jurisprudencia hasta registros financieros y comunicaciones electrónicas.

Software de análisis de datos y big data

El software de análisis de datos y big data nos ayuda como abogados a procesar y comprender estos grandes volúmenes de información de manera eficiente. Permite identificar patrones, tendencias y relaciones que podrían pasar desapercibidos a simple vista.

Beneficios de la toma de decisiones basada en datos:

- **Mejora la eficiencia y la productividad:** Automatiza tareas repetitivas y tediosas, permitiéndonos dedicar más tiempo a tareas estratégicas.
- **Reduce el riesgo de errores:** Los análisis de datos ayudan a identificar errores y omisiones en la información, lo que mejora la precisión de los casos.
- **Fortalece la argumentación legal:** Los datos y las estadísticas pueden utilizarse como evidencia para respaldar las argumentaciones en los tribunales.
- **Identifica nuevas oportunidades:** El análisis de datos puede ayudarnos como abogados a identificar nuevas oportunidades de negocio y a mejorar nuestras estrategias de marketing.

Herramientas analíticas:

Existen diversas herramientas analíticas que los abogados podemos utilizar para procesar y visualizar datos. Algunas de las más populares son:

- ✓ **Tableau:** Permite crear visualizaciones de datos interactivas y fáciles de entender, como gráficos, mapas y dashboards.
- ✓ **Power BI:** Ofrece una amplia gama de herramientas para el análisis de datos, desde la limpieza y transformación de datos hasta la creación de informes y presentaciones.
- ✓ **Lex Machina:** Es una plataforma especializada en análisis legal que nos permite investigar jurisprudencia, analizar tendencias legales y predecir resultados de casos.
- ✓ **Casetext:** Ofrece herramientas de análisis de datos para casos legales, como la identificación de las partes involucradas, los temas legales relevantes y los jueces que han presidido casos similares.

Ejemplos de aplicaciones:

- • **Análisis de riesgos:** Hay abogados que utilizan el análisis de datos para evaluar el riesgo de éxito o fracaso de un caso, lo que les permite tomar decisiones más informadas sobre cómo proceder.
- • **Selección de jurado:** El análisis de datos puede ayudarnos a seleccionar un jurado que sea más favorable al caso.
- • **Investigación legal:** Podemos utilizar herramientas de análisis legal para encontrar jurisprudencia relevante y analizar las tendencias legales en un área específica.
- • **Negociación de acuerdos:** El análisis de datos puede ayudarnos a determinar el valor de un caso y a negociar mejores acuerdos para nuestros clientes.

Recomendaciones:

- ✓ **Invertir en formación:** Es importante que los abogados nos familiaricemos con las herramientas de análisis de datos y big data disponibles para poder aprovecharlas al máximo.
- ✓ **Colaborar con expertos:** Los abogados podemos trabajar con analistas de datos para obtener ayuda con la interpretación y el análisis de datos complejos.

✓ **Comenzar con proyectos pequeños:** Es recomendable comenzar con proyectos pequeños y de bajo riesgo para familiarizarse con las herramientas de análisis de datos antes de abordar proyectos más complejos.

Software de gestión de documentos en la nube para abogados

Introducción:

Los abogados trabajamos con una gran cantidad de documentos, desde contratos y expedientes judiciales hasta correos electrónicos y cartas. La gestión eficiente de estos documentos es crucial para la productividad y el éxito de un bufete.

Software de gestión de documentos en la nube:

El software de gestión de documentos en la nube ofrece una solución moderna y eficiente para la organización y el almacenamiento de documentos legales. Estas plataformas nos permiten…

- **Almacenar documentos de forma segura:** Los documentos se almacenan en servidores en la nube con altos niveles de seguridad, lo que reduce el riesgo de pérdida o robo.

- **Acceder a los documentos desde cualquier lugar:** Podemos acceder a nuestros documentos desde cualquier dispositivo con conexión a internet, ya sea un ordenador, una tableta o un teléfono móvil.

- **Compartir documentos de forma segura:** Los documentos pueden compartirse con otros usuarios de la plataforma de forma segura, incluso si no tienen una cuenta en esta.

- **Colaborar en documentos:** Podemos trabajar en los mismos documentos de forma simultánea, lo que facilita la colaboración en equipo.

- **Organizar documentos de forma eficiente:** Los documentos pueden organizarse en carpetas, subcarpetas y etiquetas, lo que facilita la búsqueda y recuperación de documentos.

Plataformas populares:

Algunas de las plataformas de gestión de documentos en la nube más populares para abogados son:

- **Dropbox Business:** Ofrece almacenamiento seguro en la nube, sincronización de archivos y herramientas de colaboración.

- **Google Drive:** Integra almacenamiento en la nube, edición de documentos en línea y herramientas de colaboración con otras aplicaciones de Google.

- **Microsoft OneDrive:** Ofrece almacenamiento en la nube, integración con Office 365 y herramientas de seguridad avanzadas.

Beneficios del uso de software de gestión de documentos en la nube:

- ✓ **Mejora la eficiencia:** Reduce el tiempo dedicado a la búsqueda y recuperación de documentos, y facilita la colaboración en equipo.
  Reduce los costes: Elimina la necesidad de almacenar documentos en papel y reduce los costes de impresión y envío.
  Mejora la seguridad: Los documentos se almacenan en servidores en la nube con altos niveles de seguridad.
- ✓ **Aumenta la accesibilidad:** Los documentos pueden accederse desde cualquier lugar y en cualquier momento.

Recomendaciones:

- ✓ **Elegir la plataforma adecuada:** Es importante elegir una plataforma que se ajuste a las necesidades específicas del bufete de abogados.
- ✓ **Capacitar a los usuarios:** Es importante que tanto los abogados como el personal del bufete de abogados recibamos capacitación sobre cómo utilizar la plataforma de forma eficaz.
- ✓ **Establecer políticas de seguridad:** Es importante establecer políticas de seguridad para proteger los documentos confidenciales.

El software de gestión de documentos en la nube es una herramienta esencial para los abogados que buscamos mejorar la eficiencia, la seguridad y la accesibilidad de los documentos.

Aquí hay algunos puntos adicionales para considerar:

- **Integración con otras aplicaciones:** Algunas plataformas de gestión de documentos en la nube se integran con otras aplicaciones legales, como software de gestión de casos y sistemas de contabilidad.

- **Funcionalidades adicionales:** Algunas plataformas ofrecen funcionalidades adicionales, como la firma electrónica de documentos, la gestión de tareas y la elaboración de informes.

- **Escalabilidad:** Es importante elegir una plataforma que pueda escalarse para adaptarse al crecimiento del bufete de abogados.

Existen muchas otras plataformas de gestión de documentos en la nube. Entre algunas de las más populares encontramos las siguientes:

- **Zoho Docs**
- **eFileCabinet**
- **NetDocuments**
- **DocuSign**
- **PandaDoc**
- **Paperless**
- **HighQ**
- **iManage**
- **FileHold**
- **M-Files**
- **Laserfiche**
- **Nuxeo**
- **OpenText**
- **Oracle Content Management**

Estas plataformas ofrecen una variedad de características y funcionalidades, como almacenamiento seguro en la nube, intercambio de archivos, colaboración y capacidades de edición. Algunas plataformas también ofrecen características específicas para la industria legal, como la gestión de casos y la firma electrónica.

Esta lista no es exhaustiva, pero proporciona una buena descripción general de las plataformas más populares de gestión de documentos en la nube.

Al elegir una plataforma, es importante considerar sus necesidades específicas y comparar las diferentes características y funcionalidades que ofrece cada una. Algunos factores que considerar incluyen:

- **Precio:** varían según las características y la cantidad de almacenamiento que necesita.

- **Funcionalidades:** algunas ofrecen una gama más amplia de funcionalidades que otras. Es importante elegir una plataforma que tenga las características que necesita.

- **Facilidad de uso:** debe ser fácil de usar para ti y tu equipo.

- **Seguridad:** debe ser segura y proteger tus datos.

- **Integraciones:** debe integrarse con otras aplicaciones que utilizas.

Herramientas de ciberseguridad y protección de datos para despachos de abogados

En la era digital, la información es un activo vital para los despachos de abogados. Los datos confidenciales del cliente y la información del propio despacho están constantemente bajo amenaza de ataques cibernéticos. Las herramientas de ciberseguridad y protección de datos son esenciales para proteger estos datos y minimizar el riesgo de un incidente de seguridad.

Herramientas de ciberseguridad:

Existen diversas herramientas de ciberseguridad que los despachos de abogados pueden utilizar para proteger su información. Algunas de las más comunes son:

- **Antivirus y antimalware:** Protegen contra virus, malware y otras amenazas online.

- **Firewalls:** Bloquean el acceso no autorizado a la red del despacho.

- **Sistemas de detección de intrusiones (IDS):** Detectan actividades sospechosas en la red.

- **Sistemas de prevención de intrusiones (IPS):** Previenen intrusiones en la red.

- **Control de acceso:** Restringe el acceso a la información confidencial.

- **Encriptación:** Protege la información confidencial de miradas indiscretas.

- **Copia de seguridad:** Permite recuperar la información en caso de un incidente de seguridad.

Servicios de protección de datos:

Además de las herramientas de ciberseguridad, los despachos de abogados pueden utilizar servicios de protección de datos para proteger la información confidencial del cliente. Algunos de estos servicios son:

- **Gestores de contraseñas:** Ayudan a crear y almacenar contraseñas seguras.

- **Redes privadas virtuales (VPN):** Protegen la privacidad y la seguridad online.

- **Servicios de almacenamiento en la nube seguros:** Ofrecen una forma segura de almacenar información confidencial.

- **Supervisión de la red oscura:** Detectan si la información del despacho se está vendiendo en la red oscura (deep web).

Beneficios de las herramientas de ciberseguridad y protección de datos

Las herramientas de ciberseguridad y protección de datos ofrecen diversos beneficios para los despachos de abogados, entre ellos:

- **Protegen la información confidencial del cliente:** Los datos confidenciales del cliente están protegidos de robo, pérdida o acceso no autorizado.

- **Reducen el riesgo de un incidente de seguridad:** Las herramientas de ciberseguridad ayudan a prevenir ataques cibernéticos y minimizar el riesgo de un incidente de seguridad.

- **Mejoran la reputación del despacho:** Los clientes estarán más seguros de contratar un despacho que tenga una buena reputación en materia de ciberseguridad.

- **Cumplen con la normativa legal:** Los despachos de abogados están obligados a cumplir con la normativa legal en materia de protección de datos.

Recomendaciones

- ✓ **Implementar una estrategia integral de ciberseguridad:** implementar una estrategia integral de ciberseguridad que incluya una combinación de herramientas de ciberseguridad, servicios de protección de datos y políticas de seguridad.
- ✓ **Capacitar al personal:** formar al personal del despacho sobre las mejores prácticas de seguridad cibernética.
- ✓ **Mantenerse actualizado:** es importante mantenerse al día sobre las últimas amenazas cibernéticas y actualizar las herramientas de ciberseguridad con regularidad.

Las herramientas de ciberseguridad y protección de datos son esenciales para proteger la información confidencial del cliente y los datos del despacho legal frente a amenazas cibernéticas. Implementar una estrategia integral de ciberseguridad puede ayudar a los despachos de abogados a proteger su información, reducir el riesgo de un incidente de seguridad y mejorar su reputación.

Aquí hay algunos puntos adicionales que considerar

- **El tamaño del despacho:** el tamaño del despacho y la cantidad de datos que maneja determinarán el tipo de herramientas de ciberseguridad y servicios de protección de datos que necesita.

- **El presupuesto:** determinará qué herramientas de ciberseguridad y servicios de protección de datos puede adquirir.

- **Necesidades específicas:** los despachos de abogados deben identificar sus necesidades específicas en materia de ciberseguridad y protección de datos antes de elegir las herramientas y servicios adecuados.

Cómo los despachos de abogados pueden usar estas herramientas

- Emplear un gestor de contraseñas para crear y almacenar contraseñas seguras para todas sus cuentas online.

- Usar una VPN para proteger la privacidad y la seguridad de sus abogados cuando trabajan desde redes wifi públicas.

- Contar con un servicio de almacenamiento en la nube seguro para almacenar información confidencial del cliente.

- Utilizar un servicio de supervisión de la red oscura para detectar si la información del despacho se está vendiendo en la red oscura.

Servicios y plataformas de ciberseguridad y protección de datos para despachos de abogados

Herramientas de gestión de contraseñas:

- **LastPass:** gestor de contraseñas que ayuda a los usuarios a crear y almacenar contraseñas seguras.

- **1Password:** opción popular para la gestión de contraseñas.

- **Dashlane:** gestor de contraseñas que también ofrece funciones de VPN y monitorización de la dark web.

Redes privadas virtuales (VPN):

- **NordVPN:** VPN que ofrece una fuerte seguridad y privacidad.

- **ExpressVPN:** es una opción popular para las VPN.

- **Surfshark:** ofrece velocidades rápidas y una fuerte seguridad.

Software antivirus y antimalware:

- **Bitdefender:** Software antivirus y antimalware que ofrece una fuerte protección contra las amenazas en línea.

- **Norton:** otra opción popular para el software antivirus y antimalware.

- **Avast:** Software antivirus y antimalware gratuito que ofrece una protección básica.

Servicios de almacenamiento en la nube seguros:

- **Dropbox Business:** Servicio de almacenamiento en la nube seguro que ofrece una variedad de funciones para empresas.

- **Google Drive for Business:** Servicio seguro de almacenamiento en la nube que se integra con otras aplicaciones de Google.

- **Microsoft OneDrive for Business:** Servicio de almacenamiento seguro en la nube que se integra con otras aplicaciones de Microsoft.

Servicios de supervisión de la dark web:

- **Have I Been Pwned?:** Servicio gratuito que permite a los usuarios comprobar si sus datos personales se han filtrado en la web oscura.

- **DarkOwl:** Servicio de pago que ofrece una supervisión más profunda de la dark web.

- **Cybersixgill:** Servicio de pago que ofrece inteligencia sobre amenazas en tiempo real de la dark y la deep web.

Estas son solo algunas de las muchas herramientas y servicios disponibles para ayudar a los despachos de abogados a proteger su información confidencial y sus datos. Es importante elegir las herramientas y servicios adecuados para las necesidades específicas del despacho.

Pronto tendrás acceso a una gran variedad de herramientas y recursos en www.abogadodigital.online

Consejos adicionales para ayudar a los despachos de abogados a proteger su información:

- Implementar una política de seguridad integral.

- Formar al personal sobre las mejores prácticas de seguridad cibernética.

- Mantener actualizado el software y las aplicaciones.

- Realizar copias de seguridad de los datos con regularidad.

- Tener un plan de respuesta a incidentes en caso de un ataque cibernético.

Al tomar estas medidas, los despachos de abogados pueden ayudar a proteger su información y a sus clientes de las amenazas cibernéticas.

Plataformas de resolución de conflictos en línea:

Las plataformas de resolución de conflictos en línea (ODR) ofrecen una alternativa eficiente y económica a los tribunales tradicionales para resolver disputas. Estas plataformas permiten a las partes en conflicto resolver sus diferencias a través de procesos como la mediación y el arbitraje virtual.

Beneficios de las plataformas de ODR:

- **Eficiencia:** pueden resolver disputas de forma más rápida y eficiente que los tribunales tradicionales.

- **Costo:** por lo general, son más económicas que los tribunales tradicionales.

- **Acceso:** son accesibles desde cualquier lugar con conexión a internet.

- **Flexibilidad:** ofrecen una mayor flexibilidad que los tribunales tradicionales en cuanto a los plazos y el proceso de resolución de disputas.

- **Confidencialidad:** ofrecen un proceso confidencial de resolución de disputas.

Plataformas populares de ODR

- **Arbitrator Intelligence:** ofrece un servicio de arbitraje virtual que utiliza la inteligencia artificial para ayudar a las partes a resolver sus disputas.

- **Modria:** ofrece una plataforma de mediación en línea que conecta a las partes con mediadores experimentados.

- **Immediation:** ofrece un servicio de mediación y arbitraje virtual que se puede utilizar para resolver una amplia gama de disputas.

Otras plataformas de ODR:

- **FairShake:** se especializa en la resolución de disputas de consumo.

- **Upwork:** ofrece un servicio de resolución de disputas para freelancers y clientes.

- **eBay:** ofrece un servicio de resolución de disputas para compradores y vendedores.

Cómo elegir una plataforma de ODR

Al elegir una plataforma de ODR, es importante considerar los siguientes factores:

- **El tipo de disputa:** algunas plataformas de ODR se especializan en tipos específicos de disputas, como las disputas de consumo o las disputas entre empresas.

- **El costo:** varía según la plataforma.

- **Las características:** algunas plataformas de ODR ofrecen características adicionales, como la traducción o la videoconferencia.

- **La reputación:** es fundamental elegir una plataforma de ODR con una buena reputación.

Conclusión

Las plataformas de ODR ofrecen una alternativa eficiente y económica a los tribunales tradicionales para resolver disputas. Al elegir la plataforma de ODR adecuada, las partes en conflicto pueden resolver sus diferencias de forma rápida, económica y confidencial.

Estas herramientas digitales en el ámbito del derecho digital proporcionan recursos valiosos que ayudan a mejorar la eficiencia, comunicación y práctica legal en un entorno cada vez más digitalizado.

Implementando la tecnología en la práctica legal

El siguiente paso consiste en la implementación práctica de estas tecnologías en la rutina diaria de un abogado digital.

Evaluación de necesidades tecnológicas

Antes de adoptar nuevas herramientas, es crucial realizar una evaluación detallada de las necesidades tecnológicas de la práctica legal. Esto incluye identificar las áreas donde la tecnología puede tener un impacto significativo, como la gestión de documentos, la comunicación con clientes o la investigación legal.

Selección de herramientas tecnológicas

Con un sinfín de opciones disponibles, seleccionar las herramientas tecnológicas adecuadas puede ser abrumador. Prioriza soluciones que ofrezcan seguridad, facilidad de uso y compatibilidad con otros sistemas que ya manejes. Considera herramientas que ofrecen pruebas gratuitas para evaluar su eficacia antes de hacer una inversión completa.

Capacitación y adaptación

La implementación exitosa de cualquier tecnología requiere capacitación y un período de adaptación. Invierte en formación para ti y para tu equipo y asegura un uso eficiente de las nuevas herramientas. La adaptación también puede implicar ajustes en los procesos y flujos de trabajo existentes para aprovechar al máximo las capacidades de la tecnología.

Medición de impacto y ajustes

Después de implementar nuevas tecnologías, es vital medir su impacto en la práctica legal. Esto puede incluir mejoras en la eficiencia, la satisfacción del cliente o la rentabilidad. Basándose en estos resultados, realiza los ajustes necesarios para optimizar el uso de la tecnología.

Accesibilidad y equidad: considera cómo la tecnología puede hacer que los servicios legales sean más accesibles al público general, al mismo tiempo que te aseguras de no ampliar la brecha digital entre quienes tienen acceso a estas tecnologías y quienes no.

Responsabilidad en la automatización: es fundamental entender las implicaciones de delegar tareas a sistemas automatizados, especialmente en lo que respecta a la toma de decisiones legales y la prestación de asesoramiento jurídico.

Te recomendamos actualizarte siguiendo, por YouTube, a los abogados experto en la materia digital, tales como el abogado argentino Juan Corvalán, director del Laboratorio de Innovación e Inteligencia Artificial y director del posgrado de Inteligencia Artificial y Derecho en la Universidad de Buenos Aires; el abogado mexicano Miguel Carbonell, quien, junto con sus entrevistados, está al día con el derecho digital, y sus temas te ayudarán mucho; el abogado venezolano José Luis Tamayo Rodríguez, que tiene publicada una gran cantidad de libros importantes, el abogado mexicano David Merino, especialista en diferentes materias jurídicas, entre otros.

¡Comienza a investigar y continuemos con los siguientes pasos!

SÉPTIMO PASO

HABILIDADES CLAVES PARA EL ABOGADO DIGITAL

Habilidades requeridas en la práctica del derecho digital

En un entorno legal cada vez más influenciado por la tecnología y la innovación, los abogados digitales debemos poseer un conjunto de habilidades que vayan más allá del conocimiento legal tradicional. Estas habilidades son esenciales para navegar eficazmente en el mundo del derecho digital.

Comprensión tecnológica y adaptabilidad

*   **Importancia:** Los abogados digitales debemos tener una sólida comprensión de las tecnologías que influyen en su área de práctica. Esto incluye no solo conocer las herramientas actuales, sino también tener la capacidad de adaptarnos rápidamente a las nuevas tecnologías.

*   **Desarrollo:** Mantenerse actualizados a través de formación continua, asistir a seminarios y webinars sobre tendencias tecnológicas y participar en comunidades tecnológicas legales.

Pensamiento analítico y resolución de problemas

*   **Importancia:** La capacidad de analizar situaciones complejas y desarrollar soluciones innovadoras es crucial. Esto implica no solo entender los problemas legales, sino también cómo las soluciones impactan en el entorno tecnológico y viceversa.

*   **Desarrollo:** Practicar el análisis de casos complejos, participar en simulaciones de resolución de problemas y estudiar cómo se han abordado desafíos legales en el contexto tecnológico.

Habilidades de comunicación y colaboración

- **Importancia:** La comunicación efectiva y la capacidad de colaborar con equipos multidisciplinarios son esenciales. Los abogados digitales a menudo necesitamos explicar conceptos técnicos complejos de manera comprensible para clientes y colegas no técnicos.

- **Desarrollo:** Mejorar las habilidades de comunicación a través de cursos, participar en equipos de trabajo interdisciplinarios, y aprender a utilizar herramientas colaborativas en línea.

Conocimiento en seguridad de la información y privacidad

- **Importancia:** Entender los principios de ciberseguridad y privacidad es fundamental en un mundo donde la protección de datos es primordial.

- **Desarrollo:** Tomar cursos en ciberseguridad y privacidad, obtener certificaciones pertinentes, y estar al tanto de las leyes y regulaciones actuales en protección de datos.

Gestión de proyectos y organización

- **Importancia:** Las habilidades de gestión de proyectos nos permiten a los abogados liderar iniciativas de transformación digital y gestionar casos complejos de manera eficiente.

- **Desarrollo:** Aprender metodologías de gestión de proyectos, como Agile o Scrum, y utilizar software de gestión de proyectos para casos legales.

Ética y responsabilidad legal en la era digital

- **Importancia:** La comprensión de la ética y la responsabilidad legal en el contexto digital es crucial, especialmente en áreas emergentes como la IA y el blockchain.

- **Desarrollo:** Participar en debates y formaciones sobre ética en tecnología, estudiar casos relevantes y mantenerse informado sobre las discusiones éticas en la tecnología.

Aprendizaje continuo y curiosidad intelectual

- **Importancia:** El derecho digital es un campo en constante evolución, lo que requiere un compromiso continuo con el aprendizaje y la curiosidad intelectual.

- **Desarrollo:** Adoptar una mentalidad de aprendizaje continuo, asistir a conferencias y seminarios y leer publicaciones actuales sobre derecho y tecnología.

La práctica efectiva del derecho digital requiere una combinación de habilidades técnicas y legales. Al desarrollar estas habilidades clave, estaremos mejor equipados para enfrentar los desafíos y aprovechar las oportunidades de esta era de transformación digital.

Este conjunto de habilidades no solo mejora la capacidad de un abogado para servir a sus clientes, sino que también abre nuevas vías para su desarrollo profesional en el fascinante entorno del derecho digital.

Veamos lo siguiente:

1. **Análisis de big data:** Los abogados digitales debemos ser capaces de manejar y analizar grandes volúmenes de datos para identificar patrones, tendencias y obtener insights valiosos que puedan aplicarse en la toma de decisiones legales y estratégicas. La capacidad de trabajar con big data facilita la argumentación de casos, la estrategia legal y mejora la administración de justicia.

2. **Manejo del lenguaje informático:** El conocimiento técnico es esencial. Los abogados digitales debemos familiarizarnos con términos como malware, hardware, firewall, cookies, entre otros. Este conocimiento permite la incorporación adecuada de pruebas electrónicas en juicios y facilita la elaboración y análisis de contratos digitales.

3. **Dominio del inglés:** La globalización ha hecho que el manejo de diferentes idiomas, especialmente el inglés, sea más importante que nunca. Esto abre oportunidades de negocio, educación y trabajo, permitiendo a los abogados acceder a una vasta cantidad de información y colaborar en un contexto internacional.

4. **Colaboración interdisciplinaria:** La capacidad de trabajar en equipo y de forma multidisciplinaria es fundamental. Los abogados digitales debemos interactuar con profesionales de otras áreas para ofrecer soluciones más completas y creativas a los problemas legales y sociales.

5. **Comunicación estratégica:** Una habilidad clave es la capacidad de comunicar efectivamente, no solo a través de la oratoria, sino también planificando estratégicamente la presentación de casos para asegurar una comunicación efectiva a lo largo del proceso judicial. Esto incluye la preparación de una estrategia sólida basada en el análisis profundo del caso.

6. **Entendimiento avanzado de la tecnología:** Los abogados digitales debemos estar al día con las últimas tecnologías y comprender los problemas jurídicos derivados de su uso. Esto implica no solo un conocimiento a nivel de usuario, sino también una comprensión profunda de cómo estas tecnologías pueden impactar legalmente en la sociedad.

7. **Adaptabilidad:** Una característica esencial es la capacidad de adaptarse rápidamente a las nuevas realidades tecnológicas y legales. Los abogados digitales debemos estar preparados para agregar valor en un entorno en constante cambio, actualizándonos constantemente en tecnologías de la información y comprendiendo sus aplicaciones prácticas.

8. **Empatía y conexión humana:** Más allá de dominar herramientas tecnológicas, es crucial desarrollar habilidades que permitan conectar con las personas, entender sus necesidades y proponer soluciones legales personalizadas que mejoren su experiencia y resuelvan sus problemas de manera efectiva.

Estas habilidades son fundamentales para el abogado digital moderno, ya que no solo nos preparan para enfrentar los desafíos actuales, sino que también nos permite anticiparnos a las necesidades futuras del entorno legal digital.

Para convertirte en un experto en análisis de big data, es necesario un aprendizaje integral de habilidades, herramientas y conceptos esenciales para manejar efectivamente grandes conjuntos de datos.

Aquí tienes un enfoque estructurado en este análisis:

1. **Fundamentos en matemáticas y estadística:** Una sólida base en matemáticas y estadística es crucial. Comprender los métodos estadísticos, la probabilidad y el análisis numérico es esencial para la manipulación e interpretación de datos.

2. **Aprender lenguajes de programación:** La competencia en lenguajes de programación como Python o R es vital. Estos lenguajes son herramientas poderosas para el análisis de datos, ya que ofrecen extensas bibliotecas y marcos de trabajo diseñados para trabajar con big data.

3. **Dominar herramientas de manipulación y análisis de datos:** Adquiere experiencia en herramientas y plataformas como Apache Hadoop, Spark y marcos de trabajo de procesamiento de big data. Aprende a usar bases de datos diseñadas para grandes conjuntos de datos, como las bases de datos NoSQL (por ejemplo, MongoDB, Cassandra).

4. **Comprensión de algoritmos de aprendizaje automático:** El conocimiento de algoritmos de aprendizaje automático es una ventaja significativa. Permite la modelización predictiva y el análisis de big data, facilitando la identificación de patrones y conocimientos que no son inmediatamente evidentes.

5. **Habilidades de visualización de datos:** Aprende a usar herramientas de visualización de datos, como Tableau, Power BI o, incluso, bibliotecas de Python, como Matplotlib y Seaborn. La visualización efectiva ayuda a comunicar los hallazgos y conocimientos derivados del big data.

6. **Plataformas y tecnologías de big data:** Familiarízate con plataformas de big data, como Google BigQuery, servicios de Big Data de AWS y soluciones de big data de Microsoft Azure.

Comprender la infraestructura que soporta el procesamiento y almacenamiento de big data es clave.

7. **Practicar con datos del mundo real:** Interactúa con conjuntos de datos del mundo real para aplicar tus habilidades. Participa en competencias de Kaggle o trabaja en proyectos personales que te desafíen a limpiar, analizar e interpretar grandes volúmenes de datos.

8. **Aprendizaje continuo y actualización:** El campo del big data está en constante evolución. Mantente actualizado con las últimas tendencias, tecnologías y metodologías en análisis de big data y participa en foros, asiste a talleres y toma cursos avanzados.

9. **Armar un portafolio:** Documenta tus proyectos, análisis y hallazgos en un portafolio. Un portafolio bien mantenido muestra tus habilidades y comprensión del big data a posibles empleadores o colaboradores.

10. **Redes y participación comunitaria:** Conéctate con profesionales en el campo a través de LinkedIn, asiste a conferencias de la industria y participa en comunidades en línea. El networking puede proporcionar insights sobre prácticas de la industria y abrir oportunidades de colaboración y empleo.

Desarrollando sistemáticamente estas habilidades y ganando experiencia práctica, uno puede volverse versado en análisis de big data, y estar listo para enfrentar los desafíos y oportunidades presentados por vastos conjuntos de datos en varios dominios.

1. **Análisis de datos y big data**: La capacidad de analizar grandes volúmenes de datos es esencial para identificar tendencias, patrones y obtener insights valiosos en casos legales, regulaciones y comportamientos del mercado. La estadística y los algoritmos son herramientas clave para procesar y analizar estos datos de manera efectiva.

2. **Automatización de procesos legales**: Los abogados digitales nos involucramos frecuentemente en la automatización de procesos legales, como la creación de contratos inteligentes o el uso de

software para la gestión de casos. Entender la lógica de programación y cómo se construyen los algoritmos permite diseñar, evaluar y mejorar estas herramientas.

3. **Ciberseguridad y protección de datos**: Con el aumento de las amenazas cibernéticas y la importancia de la protección de datos personales y corporativos, los abogados digitales debemos entender cómo se protegen los datos a nivel técnico. Esto incluye comprender cómo funcionan los sistemas de cifrado, los protocolos de seguridad y las medidas de prevención de accesos no autorizados.

4. **Innovación tecnológica y desarrollo de soluciones**: Para asesorar a clientes en proyectos de tecnología y derecho digital o para desarrollar soluciones legales innovadoras, es necesario tener un conocimiento sólido de cómo se construyen y funcionan las tecnologías emergentes. Esto puede incluir blockchain, inteligencia artificial y otras tecnologías disruptivas.

5. **Interpretación y aplicación de la legislación en contextos tecnológicos**: La legislación en torno a la tecnología está en constante evolución. Los abogados digitales debemos ser capaces de interpretar cómo aplicar estas leyes en contextos tecnológicamente avanzados, lo cual requiere una comprensión de la tecnología subyacente.

6. **Mejora de la accesibilidad y prestación de servicios legales**: Los conocimientos en programación y tecnología permiten a los abogados crear plataformas y herramientas que mejoran la accesibilidad de los servicios legales, haciendo que sean más eficientes, accesibles y económicos para un público más amplio.

En resumen, estas habilidades no solo aumentan la competencia profesional de los abogados en el entorno digital, sino que también nos permiten ser innovadores, mejorar la prestación de servicios legales y abordar de manera efectiva los desafíos y oportunidades que presenta la tecnología en el ámbito legal.

Las habilidades esenciales para un abogado digital incluyen una mezcla de competencias técnicas, analíticas y de comunicación, así como una profunda comprensión de la seguridad informática y una adaptabilidad constante a los cambios tecnológicos y legales. Estas habilidades nos permiten manejar casos que involucran complejidades tecnológicas, proteger la información confidencial de los clientes y comunicarnos efectivamente en un entorno virtual. Además, un enfoque estratégico y ético en la práctica legal digital es crucial para desarrollar estrategias legales efectivas y mantener altos estándares éticos en el manejo de la información y la tecnología.

En situaciones donde un abogado no tiene tiempo para adquirir habilidades técnicas avanzadas como matemáticas, análisis de datos, algoritmos y programación, es totalmente viable incorporar a un experto en estas áreas al equipo del bufete. Esta colaboración interdisciplinaria permite combinar la experiencia legal con la técnica para abordar los desafíos complejos de los casos digitales de manera efectiva.

La participación de un experto técnico en un juicio, aunque no sea abogado, puede realizarse de varias maneras:

1. **Como perito experto**: En muchos sistemas legales, se permite la participación de peritos expertos para proporcionar testimonios sobre aspectos técnicos específicos de un caso. Estos expertos pueden ayudar a explicar al tribunal la naturaleza y el impacto de la evidencia digital, los métodos utilizados para su análisis, y cualquier otro aspecto técnico relevante.

2. **Soporte en la preparación del caso**: Fuera del tribunal, el experto técnico puede trabajar en estrecha colaboración con los abogados para analizar la evidencia digital, identificar patrones o comportamientos relevantes y preparar argumentos legales que se apoyen en el entendimiento técnico de los hechos.

3. **Desarrollo de herramientas legales**: Además, pueden contribuir al desarrollo de herramientas legales basadas en tecnología, como software para la gestión de documentos del caso, análisis de grandes volúmenes de datos (big data) o simulaciones que puedan prever resultados basados en diferentes variables legales.

4. **Capacitación del equipo legal**: Un experto técnico también puede tener un papel importante en la capacitación del equipo legal sobre las nuevas tecnologías y metodologías de análisis de datos, asegurando que los abogados estemos mejor equipados para comprender y utilizar la evidencia digital en nuestros casos.

5. **Consultoría durante el juicio**: Aunque no directamente como parte del equipo legal ante el tribunal, el experto puede actuar como consultor, ofreciendo asesoramiento en tiempo real sobre cuestiones técnicas que surjan durante el proceso.

Para asegurar la efectividad de esta colaboración, es crucial que el experto técnico y el equipo legal establezcan una comunicación clara y comprendan los objetivos y limitaciones de cada uno dentro del marco legal. Además, es importante garantizar que cualquier herramienta o metodología utilizada cumpla con los estándares legales y éticos pertinentes.

Materia de estudio

NoSQL se refiere a una categoría amplia de sistemas de gestión de bases de datos que difieren de las bases de datos relacionales tradicionales en que no usan SQL (Structured Query Language) para manipular y consultar datos. NoSQL se diseñó para superar las limitaciones de escalabilidad, rendimiento y flexibilidad de las bases de datos relacionales, especialmente en el contexto de grandes volúmenes de datos y accesos de lectura/escritura en tiempo real.

Los tipos comunes de bases de datos NoSQL incluyen:

- **Bases de datos de documentos**: Almacenan datos en documentos similares a JSON, lo que facilita el modelado de datos de forma más natural y flexible.

- **Bases de datos de clave-valor**: Almacenan datos como pares de clave-valor, optimizando el acceso rápido a la información a través de la clave.

- **Bases de datos de columnas anchas**: Organizan datos en columnas en lugar de filas, lo que mejora la eficiencia de las operaciones de lectura y escritura en grandes conjuntos de datos.

- **Bases de datos de grafos**: Representan y almacenan datos en forma de grafos. Es ideal para modelar relaciones complejas entre entidades.

Hadoop es un framework de software de código abierto para almacenamiento distribuido y procesamiento de grandes conjuntos de datos utilizando clusters de computadoras. Hadoop está diseñado para escalar desde servidores individuales hasta miles de máquinas, cada una ofreciendo almacenamiento y procesamiento local. El framework se compone de varios módulos:

- **Hadoop Distributed File System (HDFS)**: Un sistema de archivos que proporciona almacenamiento distribuido y tolerante a fallos.

- **MapReduce**: Un modelo de programación y una implementación para el procesamiento paralelo de grandes volúmenes de datos.

Hadoop permite a las organizaciones analizar y procesar grandes cantidades de datos de manera eficiente y rentable, lo que lo hace ideal para tareas como el análisis de big data, minería de datos y procesamiento de logs.

Spark es un motor de procesamiento de datos en paralelo y un framework de programación que facilita el desarrollo de aplicaciones de big data. Está diseñado para ser rápido en el procesamiento de grandes conjuntos de datos, ofreciendo APIs en Java, Scala, Python, y R. Spark puede ejecutarse sobre Hadoop, standalone o en la nube, y proporciona una serie de módulos de alto nivel:

- **Spark SQL**: Para el procesamiento de datos estructurados.

- **DataFrames y Datasets**: Abstracciones que permiten el procesamiento eficiente de grandes conjuntos de datos, con optimizaciones automáticas.

- **Spark Streaming**: Para el procesamiento en tiempo real de flujos de datos.

- **MLlib**: Para machine learning.

- **GraphX**: Para el procesamiento de grafos.

La preferencia por estas tecnologías en el manejo de grandes volúmenes de datos se debe a su capacidad para procesar, almacenar y analizar datos de manera distribuida y escalable, superando las limitaciones de los sistemas tradicionales en términos de volumen, velocidad y variedad de datos.

Importancia en el ámbito legal y tecnológico

- **Interpretación de normativas complejas**: Las leyes y regulaciones en el ámbito digital a menudo son complejas y sujetas a interpretaciones. Un abogado digital debe ser capaz de analizar estas normativas, entender cómo se aplican a situaciones específicas y anticipar posibles cambios en la legislación.

- **Soluciones a problemas multidisciplinarios**: Muchos de los problemas que surgen en el derecho digital requieren conocimientos que van más allá del ámbito legal, incluyendo aspectos tecnológicos, éticos y sociales. La habilidad para desarrollar soluciones innovadoras implica combinar conocimientos de diferentes disciplinas.

- **Impacto de las soluciones en el entorno tecnológico**: Es esencial entender cómo las soluciones legales impactan en el desarrollo y uso de la tecnología. Por ejemplo, una regulación sobre la privacidad de datos puede influir en el diseño de nuevos sistemas de información, requerimientos de seguridad y prácticas de gestión de datos.

Desarrollo de habilidades analíticas y de resolución de problemas

Para fortalecer estas habilidades, los abogados digitales podemos realizar lo siguiente:

1. **Formación interdisciplinaria**: Buscar oportunidades de aprendizaje que combinen el derecho con la tecnología, la ética y la gestión de negocios.

2. **Participación en simulaciones y casos prácticos**: Participar en talleres y cursos que utilicen simulaciones de casos reales, lo que

permite la aplicación práctica de conocimientos legales y tecnológicos.

3. **Colaboración con expertos en tecnología**: Trabajar junto a especialistas en tecnología para entender mejor los desafíos técnicos y las implicaciones de las soluciones legales.

4. **Investigación y análisis continuo**: Mantenerse actualizado con las últimas tendencias en tecnología y derecho digital, analizando cómo las nuevas tecnologías pueden afectar o ser afectadas por la legislación.

La habilidad para analizar situaciones complejas y desarrollar soluciones innovadoras es indispensable para los abogados digitales. Esto no solo mejora su capacidad para asesorar efectivamente a sus clientes, sino que también contribuye al desarrollo de un marco legal que fomente la innovación y proteja los derechos en el entorno digital. La interacción entre el derecho y la tecnología es dinámica, y los profesionales que puedan navegar este terreno complejo estarán mejor equipados para enfrentar los desafíos del futuro.

La habilidad de comunicación estratégica: Es fundamental para cualquier abogado, pero cobra especial relevancia en el ámbito del derecho digital, donde los conceptos son, a menudo, técnicos, y la legislación, compleja y en constante evolución. La capacidad de comunicar efectivamente implica no solo transmitir ideas de manera clara y persuasiva, sino también elaborar y ejecutar estrategias de comunicación que refuercen la posición de un caso durante todo el proceso judicial.

Planificación estratégica de la comunicación

• **Análisis profundo del caso:** Antes de desarrollar cualquier estrategia de comunicación, es esencial realizar un análisis detallado del caso, incluyendo los aspectos legales y tecnológicos involucrados. Esto permite identificar los puntos clave que deben ser comunicados y las posibles objeciones o preguntas que puedan surgir.
• **Adaptación del mensaje a la audiencia:** Dependiendo de cuál sea la audiencia (por ejemplo, jueces, jurado, otras partes legales), la estrategia de comunicación debe adaptarse para asegurar que el mensaje sea entendido. Esto puede requerir simplificar términos técnicos o enfatizar ciertos aspectos legales de manera más prominente.

• **Uso de materiales de apoyo visual:** En casos que involucren complejidades tecnológicas, el uso de materiales de apoyo visual, como diagramas, gráficos o animaciones, puede ser extremadamente útil para explicar cómo funciona cierta tecnología o para ilustrar la cronología de eventos digitales.

• **Preparación para preguntas y objeciones:** Una parte esencial de la comunicación estratégica es anticipar preguntas y objeciones que puedan surgir y preparar respuestas claras y convincentes. Esto incluye tener un conocimiento sólido de los precedentes legales y los aspectos técnicos relacionados con el caso.

Ejemplo de comunicación estratégica en acción

Imaginemos un caso de violación de datos donde se debe explicar tanto el proceso técnico por el cual se accedió a los datos sin autorización como las implicaciones legales de dicho acceso. La estrategia de comunicación podría incluir:

- **Presentación simplificada del proceso técnico:** Uso de analogías o comparaciones para explicar los aspectos técnicos de la violación de datos a una audiencia no técnica.

- **Enfatizar las consecuencias legales y personales:** Destacar las implicaciones legales de la violación de datos y el impacto en las víctimas para resaltar la gravedad del caso.

- **Preparación de respuestas a argumentos contrarios:** Anticipar y preparar respuestas a posibles argumentos de la defensa, como la falta de daño directo o el consentimiento implícito.

Integración con expertos tecnológicos

Los abogados digitales a menudo necesitamos colaborar con expertos en tecnología de la información, seguridad cibernética y análisis de datos para comprender mejor los detalles técnicos de los casos que manejan. Esta colaboración permite a los abogados interpretar adecuadamente la evidencia digital, entender las implicaciones de diferentes tecnologías en los asuntos legales y formular estrategias legales informadas.

Trabajo con otros profesionales

Además de los expertos tecnológicos, los abogados digitales también podemos encontrarnos trabajando con profesionales de la comunicación, marketing digital y psicología, especialmente en casos que involucren la gestión de la reputación en línea, la protección de la privacidad y el análisis del comportamiento del consumidor en plataformas digitales.

Ejemplo de colaboración efectiva

Imaginemos un caso de infracción de derechos de autor relacionado con el uso no autorizado de software. Un abogado digital podría necesitar colaborar con los siguientes profesionales:

- **Ingenieros de software:** Para entender cómo funciona el software en cuestión, cómo se ha utilizado de manera indebida y cómo se pueden implementar medidas para prevenir futuras infracciones.

- **Expertos en propiedad intelectual:** Para navegar las complejidades de las leyes de derechos de autor y desarrollar una estrategia legal efectiva.

- **Especialistas en seguridad cibernética:** Para investigar cómo se produjo la infracción y sugerir mejoras en las prácticas de seguridad para proteger contra violaciones futuras.

Desarrollo de habilidades para la colaboración interdisciplinaria

Para fomentar una colaboración efectiva, los abogados digitales debemos:

- **Desarrollar habilidades de comunicación:** Aprender a comunicarnos claramente con expertos de otras disciplinas, usando un lenguaje que sea accesible para todos los miembros del equipo.

- **Cultivar la curiosidad y el aprendizaje continuo:** Mantenernos al día con las tendencias tecnológicas y legales, y estar abierto a aprender de las experiencias y conocimientos de otros profesionales.

- **Fomentar la empatía y el respeto mutuo:** Reconocer y valorar las contribuciones de todos los miembros del equipo, comprendiendo que cada disciplina aporta una perspectiva única y valiosa al resolver problemas complejos.

Para nosotros, los abogados digitales, el conocimiento del lenguaje informático es esencial, ya que nos permite comprender el complejo entorno de las tecnologías de la información. Aquí hay algunos conceptos fundamentales que todo abogado digital debería conocer:

1. **Malware:** Software malicioso diseñado para dañar, explotar o realizar acciones no autorizadas en sistemas informáticos. Incluye virus, troyanos, spyware y ransomware. Los abogados debemos estar familiarizados con el malware para asesorar sobre medidas preventivas y responder a incidentes de seguridad informática.

2. **Hardware y software:** Hardware se refiere a las partes físicas de un computador o dispositivo, mientras que el software es el conjunto de instrucciones que permite al hardware operar. Comprender la interacción entre hardware y software es crucial para abordar cuestiones legales relacionadas con la propiedad intelectual, licencias de software y disputas contractuales.

3. **Firewall:** Barrera de seguridad que controla el tráfico de red entre sistemas o redes internas y externas. Ayuda a proteger contra accesos no autorizados. Los abogados necesitamos entender cómo los firewalls contribuyen a la seguridad de la información para asesorar sobre cumplimiento y gestión de riesgos.

4. **Cookies:** Pequeños archivos que un sitio web almacena en el dispositivo del usuario para recordar información sobre él. Afectan a la privacidad y protección de datos, por lo que los abogados debemos saber cómo se regulan y las obligaciones de los sitios web respecto a las cookies.

5. **Cifrado:** Proceso de convertir información o datos en un código para prevenir accesos no autorizados. Es fundamental para la protección de datos personales y la confidencialidad de la información. Los abogados debemos entender los diferentes tipos de cifrado y su relevancia legal en la protección de datos.

6. **Blockchain:** Tecnología de registro distribuido que garantiza la integridad y transparencia de las transacciones digitales. Tiene implicaciones significativas en áreas como contratos inteligentes, criptomonedas y derechos de propiedad intelectual. Los abogados debemos comprender cómo funciona la blockchain y sus aplicaciones legales.

7. **Inteligencia artificial (IA):** Sistemas que simulan la inteligencia humana. La IA plantea cuestiones legales en áreas como la responsabilidad, derechos de autor de las obras generadas por IA y ética. Los abogados digitales debemos estar al tanto de los desarrollos en IA y sus implicaciones legales.

8. **Protección de datos y privacidad:** Normativas como el GDPR en Europa y la CCPA en California regulan el tratamiento de datos personales. Los abogados debemos conocer estas leyes para asesorar sobre cumplimiento, derechos de acceso y rectificación y medidas de seguridad.

9. **Cloud Computing (computación en la nube):** Permite almacenar y acceder a datos y programas a través de Internet en lugar de en el disco duro del computador. Tiene implicaciones en la privacidad de datos, seguridad y jurisdicción, temas relevantes para los abogados digitales.

10. **Redes sociales:** Plataformas como Facebook, Twitter y LinkedIn plantean desafíos en términos de privacidad, difamación, contenido protegido por derechos de autor y acoso. Los abogados debemos entender cómo se regulan estas plataformas y cómo proteger los derechos de nuestros clientes en el entorno digital.

Estos conceptos son fundamentales para que los abogados digitales podamos asesorar efectivamente a nuestros clientes, manejar casos relacionados con tecnología y navegar por el cambiante paisaje legal del mundo digital.

A continuación, detallamos cómo los abogados digitales podemos cultivar y aplicar este entendimiento avanzado:

1. **Educación continua:** El campo de la tecnología evoluciona rápidamente, haciendo esencial la educación continua. Los abogados digitales debemos participar en cursos, talleres y seminarios especializados en tecnología y derecho digital. Esto incluye programas ofrecidos por instituciones académicas, asociaciones profesionales y plataformas de aprendizaje en línea.

2. **Colaboración con expertos en tecnología:** Trabajar de cerca con expertos en tecnología, como ingenieros de software, expertos en ciberseguridad y analistas de datos proporciona una visión práctica de las tecnologías emergentes y sus desafíos. Estas colaboraciones pueden ocurrir en el contexto de casos legales, desarrollo de políticas o investigación.

3. **Participación en proyectos tecnológicos:** La implicación directa en proyectos que utilicen tecnologías emergentes, ya sea como asesor legal o como parte de un equipo de desarrollo, nos permite a los abogados comprender mejor los aspectos técnicos y los riesgos potenciales asociados.

4. **Investigación y publicación:** La investigación y la publicación en áreas de intersección entre la tecnología y el derecho fomentan un entendimiento más profundo. Escribir artículos, informes o blogs sobre temas como la regulación de la inteligencia artificial, la ética de los algoritmos o la gobernanza de datos afina la capacidad de análisis y síntesis.

5. **Seguimiento de tendencias y jurisprudencia:** Mantenerse al día con las últimas tendencias tecnológicas, decisiones judiciales relevantes y cambios legislativos es fundamental. Esto puede lograrse mediante la suscripción a boletines especializados, la participación en foros en línea y la asistencia a conferencias.

6. **Experimentación y uso personal:** Experimentar con nuevas tecnologías, ya sea a través del uso personal o de proyectos paralelos, puede ofrecer insights valiosos. La familiarización con herramientas y plataformas digitales modernas enriquece la comprensión tecnológica y facilita su aplicación en el ámbito legal.

7. **Énfasis en la ética y la responsabilidad:** Entender las implicaciones éticas y las responsabilidades legales asociadas al uso de tecnologías avanzadas es esencial. Esto incluye cuestiones de privacidad, equidad, transparencia y responsabilidad en el desarrollo y uso de tecnologías.

8. **Desarrollo de una mentalidad analítica y crítica:** La capacidad de analizar críticamente las tecnologías desde una perspectiva legal y ética nos permite a los abogados anticipar problemas y desarrollar soluciones innovadoras. Esto implica cuestionar no solo cómo funciona una tecnología, sino también cómo debería regularse o emplearse responsablemente.

La combinación de estos elementos contribuye a un entendimiento avanzado de la tecnología, capacitándonos para abordar con competencia los desafíos legales de un mundo cada vez más tecnológico.

Podemos beneficiarnos enormemente al escribir artículos, informes o blogs sobre temas cruciales como la regulación de la inteligencia artificial (IA), la ética de los algoritmos o la gobernanza de datos. Estas actividades no solo refuerzan la capacidad de análisis y síntesis del profesional, sino que también contribuyen al debate académico y profesional, proponiendo soluciones a problemas emergentes o destacando áreas que necesitan una mayor exploración o regulación.

Estrategias para la investigación y publicación:

1. **Elección del tema:** Identifica áreas de especial interés o problemas emergentes en el derecho digital. Esto puede incluir desarrollos recientes en tecnología, casos judiciales significativos o cambios legislativos.
2. **Revisión bibliográfica:** Realiza una revisión exhaustiva de la literatura existente, incluyendo artículos académicos, libros, blogs profesionales y decisiones judiciales. Esto proporciona una base sólida sobre la cual construir nuestro análisis.
3. **Análisis crítico:** Adopta un enfoque crítico en nuestra investigación, cuestionando las suposiciones existentes y explorando nuevas interpretaciones de la ley y su aplicación a la tecnología.
4. **Colaboración interdisciplinaria:** Consideremos colaborar con profesionales de otras disciplinas, como ingenieros informáticos, científicos de datos o filósofos, para obtener una visión más completa y matizada de los temas tratados.
5. **Publicación y difusión:** Escoge plataformas adecuadas para la publicación de tus hallazgos. Las revistas académicas especializadas en derecho y tecnología, blogs profesionales y conferencias son excelentes medios para compartir nuestro trabajo.
6. **Contribución al debate:** Utiliza tus publicaciones como una herramienta para contribuir al debate académico y profesional. Plantea preguntas abiertas, propone soluciones innovadoras y fomenta la discusión entre colegas y legisladores.
7. **Actualización continua:** Dado que el campo del derecho digital está en constante evolución, es crucial mantenerse actualizado sobre las últimas tendencias y desarrollos. Esto puede implicar revisar y actualizar trabajos anteriores a la luz de nuevos desarrollos.

Impacto de la investigación y publicación:

• **Influencia en la política pública:** Las publicaciones bien fundamentadas pueden influir en la formulación de políticas y la elaboración de leyes, especialmente en áreas de rápida evolución como la tecnología digital.
• **Reconocimiento profesional:** Los abogados que publican regularmente en su campo de especialización a menudo son reconocidos como expertos, lo que puede llevar a mayores oportunidades profesionales.
• **Mejora de la práctica legal:** Al profundizar en la comprensión de cómo la tecnología afecta al derecho, los abogados podemos ofrecer asesoramiento más informado y efectivo.

• **Seguimiento de tendencias y jurisprudencia:** Mantenerse al día con las últimas tendencias tecnológicas, decisiones judiciales relevantes y cambios legislativos es fundamental. Esto puede lograrse mediante la suscripción a boletines especializados, la participación en foros en línea y la asistencia a conferencias.

Para mantenerte actualizado sobre las últimas tendencias tecnológicas, decisiones judiciales relevantes y cambios legislativos, podemos recurrir a diversas fuentes de información.

Aquí hay algunas recomendaciones sobre cómo y dónde encontrar esta información:

1. **Boletines especializados y publicaciones jurídicas:** Suscribirse a boletines de noticias y publicaciones especializadas en derecho y tecnología es una excelente manera de recibir las últimas noticias y análisis. Muchas de estas publicaciones ofrecen resúmenes de casos recientes, cambios en la legislación y desarrollos en tecnología legal.

2. **Foros en línea y redes profesionales:** Participar en foros en línea y redes profesionales, como LinkedIn, puede proporcionar acceso a discusiones sobre las últimas tendencias en derecho digital. Estos espacios permiten a los profesionales compartir conocimientos, hacer preguntas y mantenerse informados sobre los cambios en el sector.

3. **Conferencias y seminarios web:** Asistir a conferencias y seminarios web sobre derecho digital y tecnología ofrece la oportunidad de aprender directamente de expertos en el campo. Estos eventos suelen cubrir una amplia gama de temas, desde la regulación de la inteligencia artificial hasta la protección de datos y la ciberseguridad.

4. **Cursos y capacitaciones:** La educación continua es clave para mantenerse al día con las tecnologías emergentes y sus implicaciones legales. Muchas universidades y plataformas de educación en línea ofrecen cursos especializados en derecho digital y tecnología.

5. **Literatura académica y libros:** La lectura de literatura académica y libros especializados en derecho digital puede proporcionar una comprensión profunda de los temas. Estos recursos suelen explorar los aspectos legales, éticos y sociales de la tecnología de manera detallada.

6. **Blogs y sitios web de expertos:** Seguir blogs y sitios web de expertos en derecho digital es otra forma eficaz de mantenerse informado. Estos sitios a menudo publican análisis de casos recientes, opiniones sobre cambios legislativos y guías sobre cómo navegar por los desafíos legales de las tecnologías emergentes.

Al incorporar estas estrategias en nuestra práctica profesional, podemos asegurarnos de estar siempre informados y preparados para abordar los desafíos legales que presenta el rápido avance tecnológico.

La comprensión de las implicaciones éticas y las responsabilidades legales asociadas al uso de tecnologías avanzadas es un aspecto crucial para los abogados digitales. Este enfoque incluye consideraciones sobre privacidad, equidad, transparencia y responsabilidad en el desarrollo y uso de tecnologías como la inteligencia artificial, el big data y las plataformas de computación en la nube.

La ética jurídica digital se refiere al conjunto de principios y normas éticas que rigen el comportamiento de los profesionales del derecho en el entorno digital. Esta ética se centra en asegurar que los abogados mantengamos un comportamiento íntegro, responsable y respetuoso de los derechos de los individuos en el uso de las tecnologías de la información y comunicación. Incluye aspectos como la confidencialidad de la información digital, la protección de datos personales, la transparencia en el uso de herramientas digitales y la responsabilidad en el manejo de las redes sociales y plataformas en línea.

OCTAVO PASO

PENSANDO COMO ABOGADO DIGITAL

Tipos de abogados en la actualidad

Abogado tradicional (ordinario)

Un abogado tradicional es aquel profesional del derecho que ejerce su práctica basándose en los métodos y técnicas convencionales de la profesión legal. Este tipo de abogado se enfoca en la aplicación de la ley y la jurisprudencia desde una perspectiva clásica, utilizando herramientas y medios de trabajo que han sido el estándar en la profesión durante años.

Características:

➤ **Enfoque conservador:** Prefiere métodos probados y verdaderos para la resolución de disputas legales, confiando en la consulta física de textos legales, jurisprudencia y la realización de procedimientos legales en persona.

➤ **Herramientas tradicionales:** Su trabajo se apoya en el uso de papel para la documentación, comunicación a través de correo postal o fax y reuniones presenciales con clientes y otros profesionales del derecho.

➤ **Resistencia al cambio tecnológico:** Puede ser reticente a adoptar nuevas tecnologías digitales, y las ve como innecesarias para la práctica efectiva del derecho o como una complicación adicional a sus métodos de trabajo establecidos.

➤ **Solidez en fundamentos legales:** Posee un conocimiento profundo y detallado de las leyes, regulaciones y procedimientos judiciales, con una fuerte dependencia del análisis legal y la argumentación basada en precedentes.

➤ **Relaciones profesionales:** Valora y mantiene redes de contacto y colaboración a través de medios tradicionales, como asociaciones de abogados, eventos presenciales y recomendaciones personales.

➢ **Rol en el ecosistema legal:** A pesar de los avances tecnológicos y el cambio hacia la digitalización, el abogado tradicional sigue desempeñando un papel importante en el ecosistema legal. Su enfoque en el rigor legal y la atención personalizada a cada caso asegura que los principios fundamentales de la justicia y la equidad se mantengan en el centro de la práctica legal.

• **Enfoque:** Centrado en la práctica del derecho empleando métodos convencionales, como la consulta de textos legales impresos y la comunicación a través de medios tradicionales (teléfono, correo postal).

• **Habilidades:** Profundo conocimiento de la legislación, jurisprudencia y técnicas de litigación o negociación sin dependencia de herramientas tecnológicas avanzadas.

• **Uso de tecnología:** Limitado a herramientas básicas de oficina para la gestión de documentos y comunicaciones (correo electrónico, procesadores de texto).

• **Visión:** Ve la tecnología principalmente como un complemento a su práctica, no como un medio para transformarla o mejorarla significativamente.

Abogado digitalizado

Un abogado digitalizado, por otro lado, es aquel que integra herramientas digitales y tecnología de inteligencia artificial en su práctica legal existente para mejorar la eficiencia, precisión y productividad.

Características:

➢ **Adopta tecnología existente:** Utiliza software y plataformas disponibles en el mercado para automatizar procesos tradicionales, como la gestión de documentos, investigación legal y comunicación con clientes.

➢ **Mejora la eficiencia y productividad:** El principal objetivo es hacer más eficientes las operaciones del día a día, reduciendo el tiempo dedicado a tareas repetitivas y aumentando la capacidad para atender a más clientes o dedicar más tiempo al análisis y estrategia legal.

➤ **Se mantiene en el ámbito del derecho tradicional:** Aunque utiliza tecnología para mejorar su práctica, el abogado digitalizado no busca necesariamente transformar la práctica legal en sí misma o desarrollar nuevas soluciones tecnológicas. Su enfoque está en la aplicación de tecnologías digitales para optimizar el trabajo dentro de los marcos legales y prácticas existentes.

Un abogado digitalizado centra su interés tecnológico principalmente en cómo las herramientas digitales pueden aplicarse para mejorar la eficiencia de su práctica legal existente:

✓ **Uso funcional de herramientas:** Su foco está en aprender a utilizar eficazmente software y aplicaciones que automatizan tareas como la gestión de documentos, la facturación, y la comunicación con clientes, sin necesariamente profundizar en los fundamentos tecnológicos o las implicaciones legales más amplias de estas herramientas.

✓ **Mejora de la eficiencia operativa:** La principal preocupación es cómo la tecnología puede hacer su trabajo más eficiente y efectivo, reduciendo el tiempo dedicado a tareas administrativas y aumentando la capacidad de atender a las necesidades legales de sus clientes.

✓ **Adaptación a las herramientas existentes:** No están necesariamente involucrados en la innovación tecnológica o el desarrollo de nuevas soluciones legales digitales. En cambio, adoptan y adaptan tecnologías ya disponibles en el mercado para sus necesidades específicas.

Abogado digital

El abogado digital es un profesional jurídico especializado en la aplicación y comprensión de las leyes dentro del contexto de la tecnología emergente y el ciberespacio. Este abogado no solo utiliza herramientas digitales en su práctica legal, sino que también posee una profunda comprensión de cómo la tecnología afecta y redefine el marco legal.

• **Enfoque:** Utiliza la tecnología para optimizar y hacer más eficiente su trabajo legal actual, adoptando herramientas digitales para la gestión de casos, facturación y comunicaciones.

- **Habilidades:** Combina el conocimiento legal tradicional con la competencia en software jurídico y herramientas de productividad digital.

- **Uso de tecnología:** Implementa soluciones de software para la automatización de tareas administrativas y la gestión de clientes, pero su enfoque principal sigue siendo en la práctica legal tradicional.
- **Visión:** Busca la eficiencia a través de la tecnología, pero no necesariamente se involucra en el estudio o la aplicación de tecnologías emergentes dentro del derecho.

Características:

➢ **Adaptabilidad tecnológica:** Se adapta rápidamente a nuevas herramientas y plataformas digitales, utilizando la tecnología no solo como medio para sus fines tradicionales, sino como una extensión de su práctica legal.

➢ **Conocimiento especializado:** Tiene una comprensión especializada de las áreas del derecho que se ven más afectadas por la tecnología, como la protección de datos, la propiedad intelectual en línea, la ciberseguridad, y las regulaciones de comercio electrónico.

➢ **Innovación legal:** Está en la vanguardia del diseño y aplicación de servicios legales innovadores, como la asistencia legal automatizada y la utilización de la inteligencia artificial para análisis predictivos de casos.

➢ **Educación continua:** Dedica tiempo y recursos a la educación continua para mantenerse al día con los avances tecnológicos y su impacto legal.

➢ **Perspectiva global:** Entiende la legislación y la regulación a nivel internacional, reconociendo la naturaleza sin fronteras de la tecnología y el internet.

➢ **Colaboración interdisciplinaria:** Trabaja junto a expertos en tecnología, científicos de datos y otros profesionales para proporcionar un asesoramiento jurídico que integra múltiples disciplinas.

➢ **Ética y responsabilidad:** Navega por las complejidades éticas de la tecnología emergente, enfocándose en la privacidad de los datos, los derechos digitales y la equidad en el acceso a la tecnología.

Rol en el ecosistema legal:

El abogado digital es un actor clave en la transformación del ecosistema legal. No solo aboga por la modernización de las prácticas legales a través de la tecnología, sino que también trabaja para garantizar que la legislación esté alineada con los principios éticos y morales en un mundo cada vez más digitalizado. Su papel es esencial para desarrollar un marco legal que pueda acompañar el ritmo de la innovación tecnológica, protegiendo a los individuos y las empresas en un entorno digital complejo y en constante cambio.

• **Enfoque:** Profundamente comprometido con comprender y aplicar la intersección del derecho y la tecnología, no solo para mejorar la práctica legal, sino también para influir en cómo la tecnología transforma el derecho.

• **Habilidades:** Posee un conocimiento avanzado de derecho digital, incluyendo áreas como la inteligencia artificial, blockchain y protección de datos. Está al día con las tendencias tecnológicas y cómo pueden afectar o beneficiar la práctica legal.

• **Uso de tecnología:** Va más allá de la digitalización de procesos, explorando y aplicando tecnologías emergentes para resolver problemas legales, mejorar el acceso a la justicia y desarrollar nuevos modelos de negocio legal.

• **Visión:** Actúa como un puente entre la tecnología y el derecho, buscando no solo adaptarse a los cambios que la tecnología trae al campo legal, sino también ser un actor activo en la modelación de estos cambios.

Cuando hablamos de habilidades del abogado digital, nos referimos a un conjunto de capacidades y competencias específicas que son esenciales para tener éxito en el ámbito del derecho digital.

Estas habilidades incluyen:

- **Conocimientos tecnológicos:** Un abogado digital debe tener un sólido entendimiento de la tecnología y las herramientas digitales utilizadas en la práctica legal, como software de gestión de casos, plataformas de videoconferencia, herramientas de investigación legal en línea y software de automatización de documentos.

- **Pensamiento analítico:** La capacidad de analizar de manera crítica información compleja, incluidos datos digitales y evidencia electrónica es fundamental para resolver problemas legales en un entorno digital.

- **Comprensión de la seguridad informática:** Dado que la seguridad de los datos es una preocupación central en el derecho digital, un abogado en este campo debe comprender los principios de la seguridad informática y cómo proteger la información confidencial de los clientes.

- **Habilidades de comunicación digital:** La comunicación efectiva a través de medios digitales, como correo electrónico, mensajería instantánea y videoconferencia es esencial para colaborar con clientes, colegas y otros profesionales en un entorno virtual.

- **Adaptabilidad:** La capacidad de adaptarse rápidamente a los cambios tecnológicos y legales en el entorno digital es crucial para mantenerse relevante y competitivo en el campo del derecho digital.

- **Pensamiento estratégico:** Un abogado digital debe ser capaz de desarrollar estrategias legales efectivas que tengan en cuenta los aspectos tecnológicos y legales de un caso o situación.

- **Ética y responsabilidad:** Con la creciente importancia de la privacidad y la seguridad de los datos, un abogado digital debe adherirse a altos estándares éticos y legales en el manejo de información confidencial y en el uso de la tecnología en su práctica legal.

- **Colaboración y trabajo en equipo**: En un entorno digital, la colaboración efectiva con colegas, clientes y otros profesionales del derecho es esencial para brindar un servicio legal de alta calidad.

Estas son solo algunas de las habilidades clave que un abogado digital debe poseer para tener éxito en su carrera. Es importante desarrollar y fortalecer estas habilidades a lo largo del tiempo a medida que el entorno legal y tecnológico continúa evolucionando.

Los altos estándares éticos que debe seguir un abogado digital

- ✓ **Confidencialidad:** Mantener la confidencialidad de la información del cliente es fundamental. Un abogado digital debe tomar medidas adecuadas para proteger los datos confidenciales de los clientes almacenados en sistemas informáticos y durante la comunicación en línea.

- ✓ **Integridad:** Actuar con integridad y honestidad en todas las interacciones profesionales. Esto incluye ser transparente con los clientes sobre los servicios prestados, los honorarios y cualquier conflicto de interés potencial.

- ✓ **Competencia profesional:** Mantener y mejorar continuamente las habilidades profesionales y técnicas necesarias para brindar un servicio legal de alta calidad en el ámbito digital. Esto implica estar al tanto de los desarrollos tecnológicos relevantes y cómo afectan al derecho.

- ✓ **Independencia:** Ejercer la profesión legal de manera independiente y sin influencias indebidas. Un abogado digital debe actuar en el mejor interés de sus clientes y evitar cualquier conflicto que pueda comprometer su independencia profesional.

- ✓ **Respeto:** Tratar a todos los clientes, colegas y partes involucradas con respeto y dignidad, independientemente de su origen, género, orientación sexual, religión o cualquier otra característica personal.

✓ **Responsabilidad:** Asumir la responsabilidad por las acciones y decisiones tomadas en el ejercicio de la profesión legal. Esto incluye asumir la responsabilidad por cualquier error cometido y tomar medidas para remediarlo de manera adecuada.

✓ **Cumplimiento normativo:** Cumplir con todas las leyes y regulaciones aplicables en el ejercicio de la profesión legal, incluidas las leyes relacionadas con la privacidad de los datos, la seguridad cibernética y la ética profesional.

✓ **Transparencia:** Ser transparente con los clientes sobre los riesgos, beneficios y posibles resultados de sus acciones legales. Esto implica proporcionar información clara y precisa para que los clientes puedan tomar decisiones informadas sobre su caso.

Estos son solo algunos de los altos estándares éticos que deben guiar la conducta de un abogado digital en su práctica profesional. Es importante que los abogados se adhieran a estos principios éticos en todas sus actividades profesionales para mantener la confianza del público y la integridad de la profesión legal.

Construye una marca personal en el ámbito digital

En la era digital, la construcción de una marca personal sólida en línea es fundamental para los abogados que buscan destacarse y atraer clientes.

Presencia en línea y redes sociales

Desarrolla una presencia en línea profesional a través de sitios web y redes sociales. Esto incluye mantener un perfil de LinkedIn actualizado, participar en foros especializados y, posiblemente, escribir artículos o blogs sobre temas legales relevantes.

Marketing de contenidos para abogados

El marketing de contenidos puede ser una herramienta poderosa para establecer tu autoridad en áreas específicas del derecho. Compartir conocimientos y perspectivas no solo atrae potenciales clientes, sino que también contribuye al debate legal más amplio.

Networking digital

El networking no se limita a eventos presenciales. Participar en webinars, conferencias en línea y grupos de discusión puede expandir tu red profesional y abrir nuevas oportunidades de colaboración y aprendizaje.

Conclusión

Convertirse en un abogado digital implica más que simplemente adoptar nuevas tecnologías; requiere un cambio en la mentalidad, el desarrollo de nuevas habilidades y la adaptación a los desafíos éticos. Al mantenerse informado, ser proactivo en el aprendizaje y la implementación de tecnologías y construir una marca personal en línea, los abogados pueden posicionarse para el éxito en el cambiante panorama legal.

Pensemos en los beneficios y los riesgos de la IA

Beneficios de la IA

1. **Eficiencia y automatización:** Mejora la eficiencia y precisión en procesos industriales, empresariales y cotidianos, automatizando tareas y reduciendo la necesidad de intervención humana.
2. **Toma de decisiones mejorada:** Proporciona análisis de datos más profundos y precisos, lo que ayuda en la toma de decisiones informadas en campos como la medicina, las finanzas y la gestión empresarial.
3. **Innovación en salud:** Ayuda en el diagnóstico precoz de enfermedades, desarrollo de tratamientos personalizados y gestión de la salud pública.
4. **Avances en educación:** Personaliza el aprendizaje y mejora las herramientas educativas, adaptándose a las necesidades individuales de los estudiantes.
5. **Mejora en la seguridad:** Se utiliza en sistemas de vigilancia y seguridad para detectar amenazas y anomalías de forma más eficiente.
6. **Desarrollo de nuevas industrias:** Abre caminos para la creación de nuevas industrias y empleos relacionados con la tecnología de IA.
7. **Sostenibilidad y medio ambiente:** Contribuye en la lucha contra el cambio climático y la gestión de recursos naturales a través de análisis y predicciones más precisas.

Riesgos de la IA

1. **Desempleo tecnológico:** La automatización de tareas puede llevar a la pérdida de empleos, especialmente en sectores donde las tareas son repetitivas y pueden ser fácilmente automatizadas.

2. **Sesgo y discriminación:** Los sistemas de IA pueden perpetuar y amplificar sesgos humanos si los datos utilizados para entrenarlos son sesgados.

3. **Problemas de privacidad:** El uso extensivo de datos personales en sistemas de IA plantea preocupaciones significativas sobre la privacidad y el uso indebido de información.

4. **Dependencia tecnológica:** La dependencia excesiva de la IA puede reducir las habilidades humanas y la capacidad de tomar decisiones independientes.

5. **Seguridad y control:** Los sistemas de IA avanzados pueden ser difíciles de controlar o predecir, especialmente en aplicaciones críticas como armamento o infraestructura vital.

6. **Manipulación y desinformación:** La IA puede utilizarse para crear información falsa sofisticada (como deepfakes) o para manipular opiniones públicas y mercados.

7. **Costos de implementación y mantenimiento:** Los sistemas de IA pueden ser costosos de implementar y mantener, lo cual podría limitar su acceso a empresas o países con más recursos.

8. **Cuestiones éticas y legales:** La IA plantea desafíos éticos, como la responsabilidad en caso de errores o accidentes y la necesidad de regulaciones adecuadas.

9. **Impacto en la toma de decisiones humanas:** La dependencia de la IA en decisiones críticas podría limitar el juicio humano y la capacidad de respuesta en situaciones imprevistas.

10. **Riesgo de autonomía excesiva:** Existe el temor de que sistemas de IA altamente autónomos puedan actuar de maneras no previstas o no deseadas.

Dejamos este punto para el final porque la forma de ver y pensar de un abogado con respecto a las tecnologías emergentes define su éxito o fracaso como abogado digital. Si no somos conscientes de que los beneficios son grandiosos y que el riesgo lo tenemos que minimizar por medio de las regulaciones y la ética, será muy difícil adaptarnos a este sistema digital.

Estos riesgos y beneficios subrayan la importancia de abordar la IA con un enfoque equilibrado, buscando maximizar sus ventajas mientras se gestionan y minimizan los riesgos potenciales. La regulación y la ética juegan un papel crucial en este equilibrio.

Es importante que la IA se utilice de manera justa y equitativa, sin sesgos o discriminación. Esto puede incluir la realización de pruebas rigurosas y la evaluación de los riesgos potenciales antes de implementar la tecnología. Ese debe ser siempre nuestro pensamiento.

CONCLUSIÓN

INVITACIÓN A LA FORMACIÓN AVANZADA

Estimado lector:

Has llegado al final de esta pequeña introducción al derecho digital y la inteligencia artificial. Esperamos que este libro haya encendido en ti una chispa de curiosidad y un deseo de profundizar en este campo fascinante y en constante evolución.

Este libro se ha diseñado para proporcionar una base de conocimiento en este campo en constante evolución. Exploramos las múltiples facetas de cómo la tecnología está redefiniendo el panorama legal, desde la historia y evolución del derecho digital pasando por las áreas clave de especialización hasta las herramientas tecnológicas y habilidades esenciales para los abogados de hoy.

El derecho digital es un campo dinámico y en constante cambio que presenta tanto desafíos como oportunidades. Vimos cómo las tecnologías emergentes como la inteligencia artificial, el blockchain y la nanotecnología están transformando la práctica legal. Además, hemos enfatizado la importancia de la adaptabilidad, el aprendizaje continuo y el desarrollo de un conjunto diverso de habilidades técnicas y legales

Pero esto es solo el comienzo. La verdadera maestría y comprensión del derecho digital requieren un compromiso con la educación continua y la especialización. Te invitamos cordialmente a dar el próximo paso en tu formación profesional.

Cursos y formación especializada
Te recordamos que pronto podrás encontrar en la página web www.abogadodigital.online todos estos enlaces para que continúes formándote y preparándote. También encontrarás una serie de cursos detallados y especializados, diseñados especialmente para proporcionarte un conocimiento profundo y práctico en diversas áreas del derecho digital.

Estos cursos son una oportunidad para:
- Aprender de expertos en la materia y líderes en el campo del derecho digital.
- Adquirir habilidades prácticas aplicables en tu práctica legal.
- Mantenerte al día con las últimas tendencias y desarrollos en tecnología y regulación.

Colección de libros especializados

Además, te invitamos a explorar nuestra colección de libros especializados. Cada libro se enfoca en un área específica del derecho digital y ofrece un análisis exhaustivo y conocimientos avanzados. Son herramientas esenciales para:
- Profundizar en temas específicos como la ciberseguridad, la privacidad de datos, la IA y más.
- Comprender las complejidades y matices de cada área del derecho digital.
- Convertirte en un abogado digital altamente capacitado y preparado para los desafíos del futuro.

Únete a la comunidad de abogados digitales

Podrás unirte a una comunidad creciente de profesionales legales que comparten la pasión por la tecnología y la ley y ser parte de las futuras firmas de abogados digitales internacionales.

Prepárate para un futuro digital

Como autor de *Abogado digital: Primeros pasos como abogados en el derecho digital*, sin contradecir todo lo dicho anteriormente, quiero dirigirme a aquellos que no desean especializarse en un área específica del derecho digital.

Es comprensible que no todos tengan la inclinación o el tiempo para sumergirse en la programación o los cálculos complejos. Sin embargo, permítanme compartir algunas reflexiones sobre cómo pueden continuar su camino como abogados digitales sin necesidad de convertirse en expertos en esas áreas técnicas.

Conocimiento general: No es necesario ser un experto en programación o matemáticas para comprender el derecho digital: enfoquémonos en adquirir un conocimiento general sólido. Esto implica entender los conceptos fundamentales, las leyes aplicables y las implicaciones legales en el mundo digital. Familiarícense con temas como privacidad en línea, propiedad intelectual, ciberseguridad y regulaciones de datos.

Áreas del derecho digital: Aunque no necesitan especializarse, sí deben conocer las diferentes áreas del derecho digital.

Derecho de privacidad: Comprender las leyes de privacidad y cómo afectan a las empresas y a los individuos.
Derecho de propiedad intelectual: Conocer los derechos de autor, marcas registradas y patentes en el contexto digital.
Derecho de tecnología de la información: Abordar cuestiones relacionadas con contratos de software, licencias y acuerdos de servicios en línea.
Derecho de comercio electrónico: Entender las regulaciones aplicables a las transacciones en línea y los derechos del consumidor.

Formación continua: Aunque no necesitan ser expertos, sí deben mantenerse actualizados. Asistan a seminarios, lean artículos y sigan las novedades en el campo del derecho digital. La tecnología evoluciona constantemente y, como abogados digitales, deben estar al tanto de los cambios legales y tecnológicos.

Colaboración: No están solos en este viaje. Colaboren con otros profesionales, como expertos en tecnología, ingenieros o especialistas en seguridad cibernética. Juntos, pueden abordar casos complejos y ofrecer soluciones integrales.

En resumen, no necesitan ser gurús de la programación o los cálculos para ser abogados digitales efectivos. Enfóquense en el conocimiento general, manténganse informados y colaboren con otros. El mundo digital ofrece oportunidades emocionantes, y su papel como abogados es fundamental para garantizar que los derechos y las responsabilidades se cumplan en esta era digital.

¡Sigamos aprendiendo y defendiendo la justicia en el ciberespacio!
Continúa tu camino hacia la excelencia en el derecho digital.

www.ingramcontent.com/pod-product-compliance
Lightning Source LLC
Chambersburg PA
CBHW070914290526
45795CB00001B/321